入《はい》る故事成語《こじせいご》は、すべてこの本《ほん》にのっているよ！

答《こた》え

ア	イ	ウ	エ	オ	カ	キ	ク

めざせ！ことば名人

故事成語

使い方90連発！

2

監修 森山卓郎（早稲田大学教授）

まんがイラスト WOODY

故《こ》事《じ》成《せい》語《ご》ってどんなもの？

故事成語《こじせいご》とは、昔《むかし》の出来事《できごと》や物語《ものがたり》、言《い》い伝《つた》えなど（＝故事《こじ》）がもとになってうまれた、今《いま》も生《せい》活《かつ》の中《なか》で使《つか》われていることばのことをいいます。故事成語《こじせいご》の多《おお》くは、中国《ちゅうごく》の古《ふる》い書物《しょもつ》に書《か》かれた故事《こじ》がもとになっています。その内容《ないよう》は、中《ちゅう》国《ごく》がいくつもの国《くに》に分《わ》かれていた時代《じだい》の戦《いくさ》の中《なか》での出来事《できごと》やせんじゅつ、また、当時《とうじ》の思想家《しそうか》や詩人《しじん》のことばなど、さまざまです。古《ふる》くから伝《つた》わる故《こ》事成語《じせいご》には、人生《じんせい》に役《やく》に立《た》つ多《おお》くの知恵《ちえ》や教訓《きょうくん》がこめられています。

解説《かいせつ》に出《で》てくることば

知《し》っておくと故事成語《こじせいご》の由来《ゆらい》がさらにわかりやすくなることばだよ。

- 科挙《かきょ》…昔《むかし》の中国《ちゅうごく》で行《おこな》われた役人《やくにん》になるための試験《しけん》。およそ千三百年《せんさんびゃくねん》つづいた。→21・35・49ページ
- 『漢書《かんじょ》』…中国《ちゅうごく》で二百年《にひゃくねん》ほどつづいた前漢《ぜんかん》という時代《じだい》の歴史《れきし》をまとめた書物《しょもつ》。『前漢書《ぜんかんじょ》』ともいう。→11ページ
- 『韓非子《かんぴし》』…中国《ちゅうごく》の戦国時代《せんごくじだい》の法律《ほうりつ》家《か》・思想家《しそうか》の韓非《かんぴ》という人《ひと》の思想《しそう》などをまとめた書物《しょもつ》。→73・85ページ
- 『後漢書《ごかんじょ》』…前漢《ぜんかん》がほろんだあと、二百年《にひゃくねん》ほどつづいた後漢《ごかん》という時代《じだい》の歴史《れきし》をまとめた書物《しょもつ》。→55・97・107・113ページ
- 『史記《しき》』…前漢《ぜんかん》の時代《じだい》に作《つく》られた、中国《ちゅうごく》さいしょの歴史書《れきししょ》。三千年《さんぜんねん》あまりの歴史《れきし》が書《か》かれ、その後の歴《れき》史書《ししょ》の見本《みほん》となった。歴史家《れきしか》の司馬遷《しばせん》という人《ひと》が書《か》いた。→17・27・45・87・103ページ
- 『晋書《しんじょ》』…中国《ちゅうごく》の晋《しん》という時代《じだい》の歴《れき》史をまとめた書物《しょもつ》。→39・47・105ページ
- 『戦国策《せんごくさく》』…戦国時代《せんごくじだい》から秦《しん》の時代《じだい》までの縦横家《じゅうおうか》（各国《かっこく》を行《い》き来《き》した思想家《しそうか》）の話《はなし》を集《あつ》めた書物《しょもつ》。→61・111・115ページ
- 『荘子《そうじ》』…戦国時代《せんごくじだい》の思想家《しそうか》・荘子《そうし》とその弟子《でし》のことばや思想《しそう》などをまとめた書物《しょもつ》。→65・95ページ
- 『孟子《もうし》』…戦国時代《せんごくじだい》の思想家《しそうか》・孟子《もうし》のことばや行《おこな》いをまとめた書物《しょもつ》。孟子《もうし》は人間《にんげん》の本性《ほんしょう》は善《ぜん》であるとする「性善説《せいぜんせつ》」をとなえた。→64・66・101ページ
- 『列子《れっし》』…戦国時代《せんごくじだい》の思想家《しそうか》・列子《れっし》の思想《しそう》をまとめた書物《しょもつ》。主《おも》にたとえ話《ばなし》や伝説《でんせつ》によってとかれている。→59・69・81ページ

この本《ほん》の使《つか》い方《かた》

この本《ほん》では、故事成語《こじせいご》をひとつずつ取《と》り上《あ》げて、意味《いみ》や使《つか》い方《かた》を紹介《しょうかい》しているよ。

どんな気持《きも》ちのとき、どんな場面《ばめん》で使《つか》えることばかがわかるよ。

ことばの使《つか》い方《かた》がまんがでわかるよ。

似《に》た意味《いみ》のことば、反対《はんたい》の意味《いみ》のことば、同《おな》じ字《じ》が出《で》てくることばなどを紹介《しょうかい》しているよ。ことわざや四字熟語《よじじゅくご》、格言《かくげん》などいろいろなことばが出《で》てくるよ。

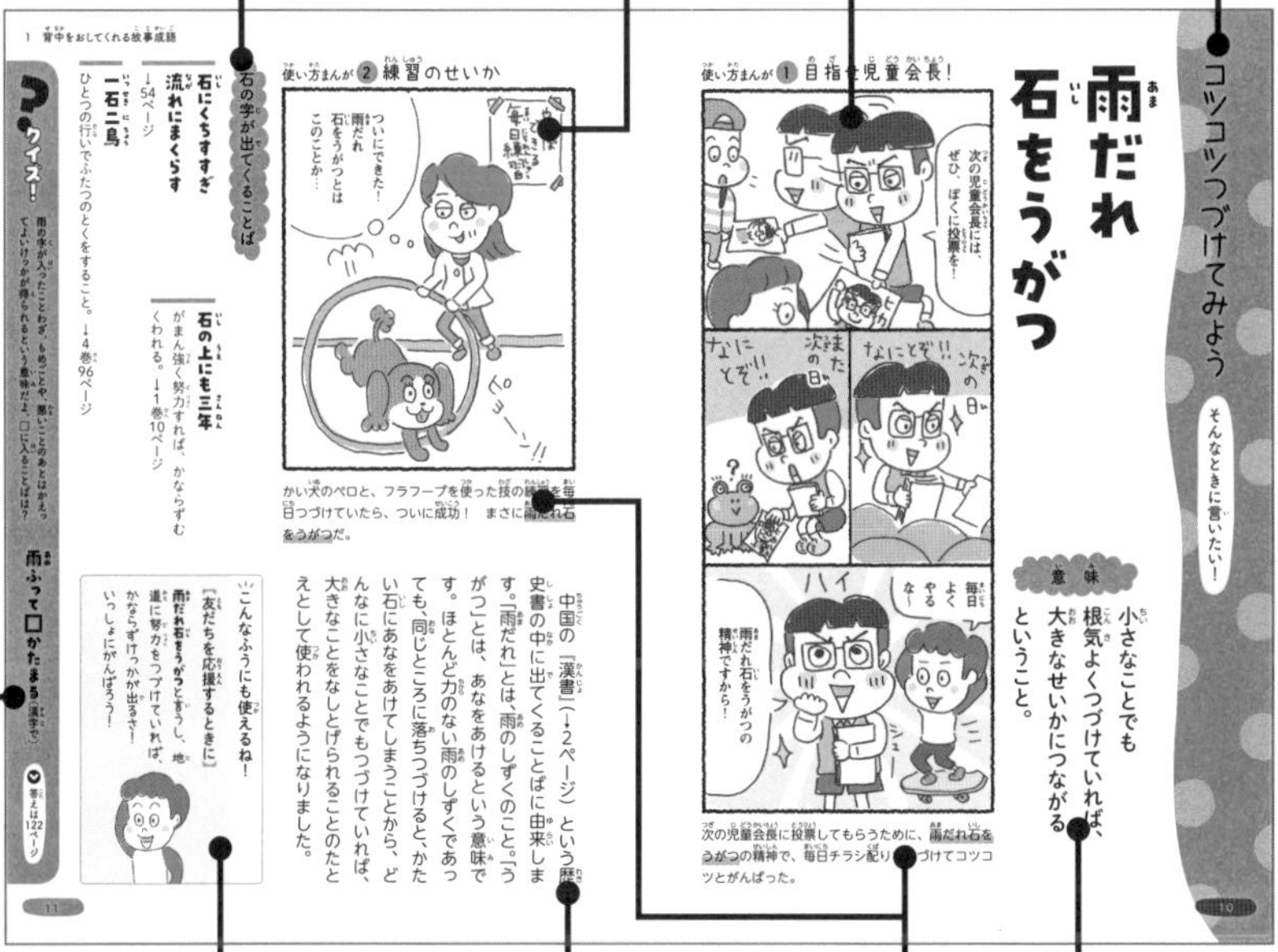

雨だれ石をうがつ

次の児童会長には、ぜひ、ぼくに投票を！
なにとぞ!! 次の日

毎日よくやるなー
雨だれ石をうがつの精神ですから！

ついにできた！雨だれ石をうがつとはこのことか…

『友だちを応援するときに』

ことばの意味《いみ》だよ。

ことばを使《つか》った文章《ぶんしょう》の例《れい》だよ。

ことばの由来《ゆらい》や使《つか》い方《かた》の注意点《ちゅういてん》などを解説《かいせつ》しているよ。

ことばを使《つか》える場面《ばめん》を紹介《しょうかい》するコラム。この本《ほん》では、まんがやこのコラムを合《あ》わせて九十《きゅうじゅう》以上《いじょう》の使《つか》い方《かた》の例《れい》を紹介《しょうかい》しているよ。

ことばにまつわるクイズだよ。

「故事成語《こじせいご》カード」を作《つく》ってみよう！

この本《ほん》で知《し》った故事成語《こじせいご》の意味《いみ》や使《つか》い方《かた》をカードにまとめてみよう。カードのひな形《がた》がこの本《ほん》のさいごにあるよ。書《か》き方《かた》は30ページを参考《さんこう》にしよう。

故事成語《こじせいご》

そなえあればうれいなし

意味《いみ》

ふだんから十分《じゅうぶん》なじゅんびをしていれば、いざというときに心配《しんぱい》がいらない。

使《つか》い方《かた》

急《きゅう》に停電《ていでん》が起《お》きたが、すぐ手《て》の届《とど》くところに懐中電灯《かいちゅうでんとう》を用意《ようい》していたから、あせらずにすんだ。そなえあればうれいなしというやつだ。

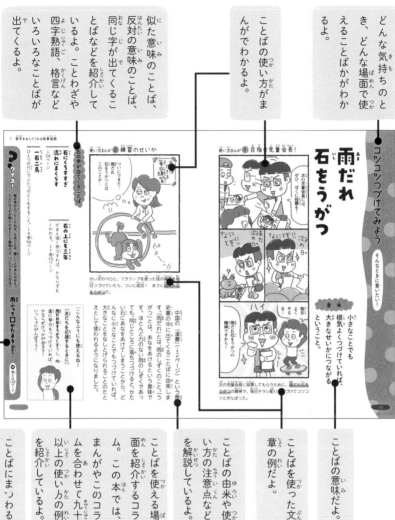

もくじ

1 がんばるぞ！
背中《せなか》をおしてくれる故事成語《こじせいご》

2 言《い》われてみたい故事成語《こじせいご》

うれしいな！

3 残《ざん》念《ねん》な故《こ》事《じ》成《せい》語《ご》

トホホ……

4 どきどきする故《こ》事《じ》成《せい》語《ご》

やってしまった！

5 いきものの故事成語《こじせいご》

動物《どうぶつ》も虫《むし》も伝説《でんせつ》のいきものも!?

この本《ほん》の登《とう》場《じょう》人《じん》物《ぶつ》

この本《ほん》の四人《よにん》の登場人物《とうじょうじんぶつ》を紹介《しょうかい》するよ！

アオイ

明《あか》るく活発《かっぱつ》で、よくツバサのことをしかっている。アイドルがすきで、ミーハーな面《めん》がある。将来《しょうらい》の夢《ゆめ》は女優《じょゆう》。弟《おとうと》がいる。

ツバサ

スケートボードが大《だい》すき。お調子者《ちょうしもの》でよくアオイにおこられる。家《いえ》は中華料理屋《ちゅうかりょうりや》で、たまに手伝《てつだ》いをしている。しっかり者《もの》の妹《いもうと》がいる。

カオル

人間《にんげん》かんさつがしゅみで、よく不敵《ふてき》なえみをうかべている。ものしずかだが、たまにするどい発言《はつげん》をする。ペットの犬《いぬ》が大《だい》すき。兄《あに》がいる。

ヒカル

勉強《べんきょう》がとくいで、将来《しょうらい》の夢《ゆめ》は総理大臣《そうりだいじん》。いまは児童会《じどうかい》長《ちょう》を目指《めざ》している。思《おも》いこみのはげしいところがある。アオイのことがすき。

1

背《せ》中《なか》をおしてくれる故《こ》事《じ》成《せい》語《ご》

目標《もくひょう》に向《む》けてがんばるとき、何《なに》かを始《はじ》めるときなどに、ためになる考《かんが》え方《かた》やパワーをくれる故事成語《こじせいご》だよ！

コツコツつづけてみよう

そんなときに言《い》いたい！

雨《あま》だれ石《いし》をうがつ

意《い》味《み》

小《ちい》さなことでも根《こん》気《き》よくつづけていれば、大《おお》きなせいかにつながるということ。

使《つか》い方《かた》まんが 1 目《め》指《ざ》せ児《じ》童《どう》会《かい》長《ちょう》！

次《つぎ》の児《じ》童《どう》会《かい》長《ちょう》には、ぜひ、ぼくに投《とう》票《ひょう》を！
なにとぞ!!
次《つぎ》の日
また次《つぎ》の日
なにとぞ!!
ハイ
毎日《まいにち》よくやるな〜
雨《あま》だれ石《いし》をうがつの精《せい》神《しん》ですから！
シュー

次《つぎ》の児《じ》童《どう》会《かい》長《ちょう》に投《とう》票《ひょう》してもらうために、雨《あま》だれ石《いし》をうがつの精《せい》神《しん》で、毎《まい》日《にち》チラシ配《くば》りをつづけてコツコツとがんばった。

使い方まんが 2 練習《れんしゅう》のせいか

かい犬《いぬ》のペロと、フラフープを使《つか》った技《わざ》の練習《れんしゅう》を毎日《まいにち》つづけていたら、ついに成功《せいこう》！ まさに雨だれ石《いし》をうがつだ。

中国《ちゅうごく》の『漢書《かんじょ》』（↓2ページ）という歴史書《れきしじょ》の中《なか》に出《で》てくることばに由来《ゆらい》します。「雨《あま》だれ」とは、雨《あめ》のしずくのこと。「うがつ」とは、あなをあけるという意味《いみ》です。ほとんど力《ちから》のない雨《あめ》のしずくであっても、同《おな》じところに落《お》ちつづけると、かたい石《いし》にあなをあけてしまうことから、どんなに小《ちい》さなことでもつづけていれば、大《おお》きなことをなしとげられることのたとえとして使《つか》われるようになりました。

こんなふうにも使《つか》えるね！

【友《とも》だちを応援《おうえん》するときに】

雨《あま》だれ石《いし》をうがつと言《い》うし、地道《じみち》に努力《どりょく》をつづけていれば、かならずけっかが出《で》るさ！ いっしょにがんばろう！

石の字《じ》が出《で》てくることば

石《いし》にくちすすぎ流《なが》れにまくらす
↓54ページ

一石二鳥《いっせきにちょう》
ひとつの行《おこな》いでふたつのとくをすること。↓4巻《かん》96ページ

石《いし》の上《うえ》にも三年《さんねん》
がまん強《づよ》く努力《どりょく》すれば、かならずむくわれる。↓1巻《かん》10ページ

？クイズ！

雨の字《じ》が入《はい》ったことわざ。もめごとや、悪《わる》いことのあとはかえってよいけっかが得《え》られるという意味《いみ》だよ。□に入《はい》ることばは？

雨《あめ》ふって□かたまる（漢字《かんじ》で）

答《こた》えは122ページ

おなかがすいてあいさつもできない……

そんなときに言《い》いたい！

衣《い》食《しょく》足《た》りて礼《れい》節《せつ》を知《し》る

意《い》味《み》

人《ひと》は生活《せいかつ》が満《み》たされることで、はじめて礼儀《れいぎ》にも気《き》を配《くば》ることができるということ。

使《つか》い方《かた》まんが 1 姉弟《きょうだい》げんか

え！ 食《た》べるものが何《なに》もない!?
ごめーん 買《か》いわすれちゃった
あんたがいつも食《た》べすぎるからでしょ！
お姉《ねえ》ちゃんだって食《た》べてるじゃん！
ギャー
ギャー
こら！ ハンバーガー買《か》ってきたからやめなさい！
パクパク
さっきはごめんね
こちらこそ
衣食足《いしょくた》りて礼節《れいせつ》を知《し》るとはこのことね

おなかがすいて弟《おとうと》と大《おお》げんかになったが、ハンバーガーを食《た》べたら、おたがいいかりがおさまった。衣《い》食《しょく》足《た》りて礼節《れいせつ》を知《し》るとはこのことだ。

使《つか》い方《かた》まんが 2 まずは、はらごしらえ

メシ、メシ！
はらへって死《し》にそ〜
ちょっとあんた、いったい
何《なに》よそのことばづかいは
衣食足《いしょくた》りて礼節《れいせつ》を知《し》るだよ？
おなかがすいてるんだから、
仕方《しかた》ないじゃん

おなかがすいていたとき、お母《かあ》さんにことばづかいを注意《ちゅうい》されたが、衣食足《いしょくた》りて礼節《れいせつ》を知《し》るのだから、おなかがすいていては礼儀《れいぎ》に気《き》を配《くば》れない。

「衣食《いしょく》」は、着《き》るものや食《た》べるもののこと。「礼節《れいせつ》」は、礼儀《れいぎ》と節度《せつど》（行《い》きすぎない、てきとうな程度《ていど》）という意味《いみ》です。

食《た》べるものにこまるほどぎりぎりの生活《せいかつ》をしていると、生《い》きていくのにせいいっぱいで、それ以外《いがい》のことは考《かんが》えられなくなるものです。着《き》るものや食《た》べるものを心配《しんぱい》するひつようのない生活《せいかつ》が送《おく》れるようになってやっと、礼儀《れいぎ》にまで気持《きも》ちを向《む》けることができるようになり、自分《じぶん》のふるまいをふり返《かえ》ることもできるようになる、ということですね。

生活《せいかつ》がいかに大事《だいじ》であるか、ということをしみじみと考《かんが》えさせてくれるこのことばは、中国《ちゅうごく》の『管子《かんし》』という古《ふる》い書物《しょもつ》の中《なか》に出《で》てくることばがもとになっています。

礼の字《じ》が出《で》てくることば

三顧《さんこ》の礼《れい》
→40ページ

礼《れい》は急《いそ》げ
お礼《れい》はできるだけ早《はや》くしたほうがよいということ。

親《した》しきなかにも礼儀《れいぎ》あり
どんなに親《した》しい間《あいだ》がらでも、礼儀《れいぎ》は守《まも》るべきであるということ。

？クイズ！

衣の字《じ》が入《はい》った慣用句《かんようく》「□に衣着《きぬき》せぬ」。遠慮《えんりょ》せず、思《おも》ったことを言《い》うという意味《いみ》だよ。□に入《はい》るのはどれ？

A《エイ》 口《くち》
B《ビー》 歯《は》
C《シー》 声《こえ》

答《こた》えは122ページ

ぜったいにあきらめない……！

そんなときに言《い》いたい！

臥《が》薪《しん》嘗《しょう》胆《たん》

意《い》味《み》

目的《もくてき》をたっせいするために、苦労《くろう》や努力《どりょく》を重《かさ》ねること。

使《つか》い方《かた》まんが 1 練習《れんしゅう》の日々《ひび》

リレーはとくいなのに負《ま》けました…
次《つぎ》はぜったいに勝《か》ってみせます！
メラ
メラ
それから練習《れんしゅう》の日々《ひび》
うおー!!
うおー!!
1年後《ねんご》ー
臥《が》薪《しん》嘗《しょう》胆《たん》のすえ、勝利《しょうり》しました！

運動会《うんどうかい》のリレーで友《とも》だちに負《ま》けてしまった。来年《らいねん》はぜったいに勝《か》つと決《き》めて練習《れんしゅう》にはげみ、臥《が》薪《しん》嘗《しょう》胆《たん》のすえ、勝《か》つことができた。

使《つか》い方《かた》まんが 2 次《つぎ》こそは負《ま》けない!

CM《シーエム》オーディションの合格者《ごうかくしゃ》は10番《ばん》の方《かた》です
また落《お》ちた…
でも次《つぎ》こそは! どれだけ負《ま》けても臥薪嘗胆《がしんしょうたん》でがんばろう!

オーディションに落《お》ちつづけて落《お》ちこむことはあるけれど、「次《つぎ》こそは!」と努力《どりょく》を重《かさ》ね、臥薪嘗胆《がしんしょうたん》の思《おも》いでがんばる。

「臥薪《がしん》」は、たきぎの上《うえ》で寝《ね》るという意味《いみ》。「嘗胆《しょうたん》」は、動物《どうぶつ》の苦《にが》いきもをなめるという意味《いみ》です。

昔《むかし》、中国《ちゅうごく》の呉《ご》と越《えつ》という国《くに》が戦争《せんそう》をして、呉《ご》の王《おう》が死《し》んでしまいます。王《おう》の息子《むすこ》である夫差《ふさ》は、父《ちち》のかたきうちを決意《けつい》し、毎日《まいにち》たきぎの上《うえ》でいたみにたえながら寝《ね》起《お》きして、その決意《けつい》をわすれないようにしました。やがて夫差《ふさ》は、越《えつ》の王《おう》・勾践《こうせん》に勝《か》ち、父《ちち》のむねんを晴《は》らします。一方《いっぽう》、勾践《こうせん》は負《ま》けたくやしさをわすれまいと、動物《どうぶつ》の苦《にが》いきもを毎晩《まいばん》なめてすごし、ついには呉《ご》をほろぼします。このことから、苦労《くろう》や努力《どりょく》を重《かさ》ねて目的《もくてき》をはたすことを「臥薪嘗胆《がしんしょうたん》」というようになりました。中国《ちゅうごく》の『十八史略《じゅうはっしりゃく》』という古《ふる》い書物《しょもつ》に出《で》てくる話《はなし》です。

似《に》た意味《いみ》のことば

雨《あま》だれ石《いし》をうがつ

↓10ページ

石《いし》の上《うえ》にも三年《さんねん》

がまん強《づよ》く努力《どりょく》すれば、かならずむくわれる。↓1巻《かん》10ページ

捲土重来《けんどちょうらい》

一度《いちど》まけたりしっぱいしたりした人《ひと》が、ふたたび挑戦《ちょうせん》していきおいをますこと。

?クイズ!

胆の字《じ》が入《はい》った四字熟語《よじじゅくご》。度胸《どきょう》があって、何《なに》もおそれないようすをいうよ。正《ただ》しいのはどちら?

A《エイ》 大胆不敵《だいたんふてき》

B《ビー》 大胆無敵《だいたんむてき》

答《こた》えは122ページ

スピードが大事《だいじ》！

そんなときに言《い》いたい！

先《さき》んずれば人《ひと》を制《せい》す

意《い》味《み》

何《なに》ごとも人《ひと》より先《さき》に行《おこな》えば、有利《ゆうり》な立場《たちば》に立《た》てるということ。

使《つか》い方《かた》まんが 1 合唱《がっしょう》の練習《れんしゅう》

先生《せんせい》は「先《さき》んずれば人《ひと》を制《せい》すだ」と言《い》って、合唱《がっしょう》コンクールの練習《れんしゅう》を他《ほか》のクラスよりも先《さき》に始《はじ》めた。そのかいあって、当日《とうじつ》の合唱《がっしょう》はとてもうまくいった。

使《つか》い方《かた》まんが　2　おいわいのことば

えっと…これは何《なん》の花束《はなたば》？
ヒカルくん、先《さき》んずれば人《ひと》を制《せい》すだね
フフフ
1週間後《しゅうかんご》のアオイさんのお誕生日《たんじょうび》プレゼントです！1番《ばん》においわいしたくて！

友《とも》だちは、すきな子《こ》の誕生日《たんじょうび》を1週間《しゅうかん》も前《まえ》においわいしていた。先《さき》んずれば人《ひと》を制《せい》すの考《かんが》えなのだろう。

何《なに》ごとも人《ひと》より先《さき》に行動《こうどう》すべきで、ぎゃくに、もたもたしていると不利《ふり》な立場《たちば》になるといっていることばは、中国《ちゅうごく》の『史記《しき》』（→2ページ）という歴史《れきし》書《しょ》の中《なか》に出《で》てきます。

当時《とうじ》、中国《ちゅうごく》の大国《たいこく》である秦《しん》に対《たい》して各地《かく》で反乱《はんらん》が起《お》こっていました。ある地方《ちほう》をおさめていた殷通《いんとう》という人《ひと》は、地元《じもと》の実力者《じつりょくしゃ》である項梁《こうりょう》に「〝先《さき》んずればすなわち人《ひと》を制《せい》し、後《おく》るればすなわち人《ひと》の制《せい》する所《ところ》となる（先手《せんて》を取《と》ればかならず相手《あいて》をおさえて勝《か》つことができるし、後手《ごて》にまわれば相手《あいて》におさえつけられる）〟ということばがある」と言《い》って兵《へい》をあげる話《はなし》をもちかけた、という話《はなし》からできたことばです。「せんずれば」と読《よ》まないように気《き》をつけましょう。

似《に》た意味《いみ》のことば

善《ぜん》は急《いそ》げ

よいと思《おも》ったことはためらわずにやったほうがよい。→1巻《かん》22ページ

早《はや》い者《もの》勝《が》ち

人《ひと》よりも先《さき》に行動《こうどう》した者《もの》が、より多《おお》くのとくをする。

先手必勝《せんてひっしょう》

スポーツなどの勝負事《しょうぶごと》で、先《さき》にせめたほうがかならず有利《ゆうり》になるということ。

？クイズ！

先の字《じ》が入《はい》ったことわざ。しっぱいにそなえて、あらかじめ手《て》を打《う》っておくという意味《いみ》だよ。□に入《はい》ることば？

転《ころ》ばぬ先《さき》の□□（ひらがなで）

答《こた》えは122ページ

勝《か》てっこない!

そんなときに言《い》いたい!

三十六計《さんじゅうろっけい》逃《に》げるにしかず

意《い》味《み》

こまったときには、あれこれ考《かんが》えるよりも逃《に》げてしまうほうがいいということ。

使《つか》い方《かた》まんが 1 ばったり!

かい犬《いぬ》との散歩中《さんぽちゅう》、きょうぼうそうなブルドッグと出《で》くわした。ここは三十六計《さんじゅうろっけい》逃《に》げるにしかずだと思《おも》い、すぐに引《ひ》き返《かえ》した。

使《つか》い方《かた》まんが ② そこまで聞《き》いてない

お、何読《なによ》んでんの〜？
よくぞ聞《き》いてくださいました！
この本《ほん》は、歴代《れきだい》の総理大臣《そうりだいじん》がいかに…
ペラ
ペラ
ここは、三十六計《さんじゅうろっけい》逃《に》げるにしかずだな
そろーり

友《とも》だちに読《よ》んでいる本《ほん》の内容《ないよう》を聞《き》いたら、聞《き》いてもいないことまで語《かた》り出《だ》した。めんどうなので、三十六計逃《さんじゅうろっけいに》げるにしかずで、そっと立《た》ち去《さ》った。

自分《じぶん》が不利《ふり》な立場《たちば》になったときは、「逃《に》げるのが一番《いちばん》」だと、このことばは教《おし》えてくれています。「三十六計《さんじゅうろっけい》」とは、昔《むかし》の中国《ちゅうごく》に伝《つた》わる、三十六《さんじゅうろく》の戦《いくさ》の作戦《さくせん》のことです。

昔《むかし》、中国《ちゅうごく》の斉《せい》という国《くに》で、王敬則《おうけいそく》という人《ひと》が、反乱《はんらん》を起《お》こしました。斉《せい》の王《おう》の息子《むすこ》が逃《に》げ出《だ》したと聞《き》いて、王敬則《おうけいそく》は「三十六《さんじゅうろく》の作戦《さくせん》の中《なか》で、逃《に》げるのが一番《いちばん》いい方法《ほうほう》だろう」とあざわらったといいます。中国《ちゅうごく》の古《ふる》い書物《しょもつ》『南斉書《なんせいしょ》』の中《なか》に出《で》てくるこの話《はなし》からできたことばです。

もともとは、逃《に》げた人《ひと》をひはんする意《い》味《み》合《あ》いで使《つか》われていましたが、今《いま》では、場合《ばあい》によっては、逃《に》げるのもかしこいやり方《かた》だという意味《いみ》で使《つか》われるようになりました。

逃の字《じ》が出《で》てくることば

逃《に》がした魚《さかな》は大《おお》きい

一度手《いちどて》に入《はい》りかけてうしなったものは、実際《じっさい》よりもよく見《み》える。

逃《に》げごし

せきにんやたいへんなことから逃《に》げようとする態度《たいど》。

逃《に》げもかくれもしない

逃《に》げかくれしてせきにんからのがれるような、ひきょうなことはしない。

クイズ！

数字《すうじ》が入《はい》った四字熟語《よじじゅくご》。□にはすべて同《おな》じ漢数字《かんすうじ》が入《はい》るよ。何《なに》かな？

□期《ご》□会《え》

答《こた》えは122ページ

よーく読《よ》み直《なお》して……

そんなときに言《い》いたい！

推《すい》敲《こう》

意《い》味《み》

文章《ぶんしょう》や詩《し》などの内容《ないよう》を、練《ね》り直《なお》すこと。

使《つか》い方《かた》まんが 1 何度《なんど》も見直《みなお》し！

コンクールに出《だ》す作文《さくぶん》、これでいいかな～？
どれどれ？
あさ 朝
うーん…
よる 夜
うーん…
やった！ コンクールで金賞《きんしょう》をもらったよ！
何度《なんど》も推敲《すいこう》したかいがあったわね
オメデトウ
金賞《きんしょう》

コンクールに出《だ》す作文《さくぶん》をていねいに見直《みなお》して手《て》を入《い》れたら、金賞《きんしょう》を受賞《じゅしょう》することができた。お母《かあ》さんが「何度《なんど》も推敲《すいこう》したかいがあったね」とほめてくれた。

使《つか》い方《かた》まんが 2 ラブレターの感想《かんそう》は…

先日《せんじつ》、すきな子《こ》にラブレターをわたしたが、よくわからなかったと言《い》われてしまった。どうやら推敲《すいこう》が足《た》りなかったようだ。

作文《さくぶん》などでも、あとで読《よ》み直《なお》すと、おかしな表現《ひょうげん》が見《み》つかることがあります。「推敲《すいこう》」は、文章《ぶんしょう》を見直《みなお》してよりよいものにすることを言《い》います。

昔《むかし》、中国《ちゅうごく》に賈島《かとう》という詩人《しじん》がいました。科挙《かきょ》（→2ページ）の受験《じゅけん》で都《みやこ》にやって来《き》た賈島《かとう》は「僧《そう》は推《お》す月下《げっか》の門《もん》（僧《そう》がやってきて、月《つき》の光《ひかり》にてらされている門《もん》をおす）」という詩句《しく》を思《おも》いつきますが、「推《お》す」を「敲《たた》く」とすべきか、なやんでいました。するとぐうぜん、都《みやこ》の長官《ちょうかん》で詩人《しじん》としても有名《ゆうめい》な韓愈《かんゆ》と出会《であ》い、「敲《たた》く」のほうがよいとアドバイスされ、そのとおりに直《なお》しました。中国《ちゅうごく》の『唐詩紀事《とうしきじ》』という書物《しょもつ》の中《なか》に出《で》てくるこの話《はなし》から、文章《ぶんしょう》や詩《し》を何度《なんど》も練《ね》り直《なお》すことを「推敲《すいこう》」というようになったのです。

文章《ぶんしょう》にまつわることば

起承転結《きしょうてんけつ》
文章《ぶんしょう》や話《はなし》の流《なが》れ、ものごとの順番《じゅんばん》や展開《てんかい》の仕方《しかた》のこと。

筆《ふで》を走《はし》らせる
いきおいよく、すらすらと文章《ぶんしょう》を書《か》く。

筆《ふで》が立《た》つ
文章《ぶんしょう》を書《か》くのがうまいこと。

文《ぶん》は人《ひと》なり
文章《ぶんしょう》にはその人《ひと》の性格《せいかく》や考《かんが》え方《かた》があらわれるということ。

クイズ！

文章《ぶんしょう》にまつわる慣用句《かんようく》。文章《ぶんしょう》を書《か》く活動《かつどう》をやめるという意味《いみ》だよ。□に入《はい》ることばは？

筆《ふで》を□□（ひらがなで）

答《こた》えは122ページ

おたがいがんばろう！

そんなときに言《い》いたい！

切《せっ》磋《さ》琢《たく》磨《ま》

意《い》味《み》

①仲間《なかま》どうしがはげまし合《あ》い、きそい合《あ》い、たがいに向上《こうじょう》する。

②学問《がくもん》などの向上《こうじょう》にはげむ。

使《つか》い方《かた》まんが 1 よきライバル！

あ！ それオレがこの間《あいだ》成功《せいこう》させた技《わざ》！
へへ～ん オレも成功《せいこう》したぜ～
もっと高《たか》くとんでやる！
バキ
バキ
オレだって！
―数日後《すうじつご》―
よし！最高記録《さいこうきろく》の高《たか》さだ！
クソ～！負《ま》けた！
これからも切磋琢磨《せっさたくま》していこうな
おう！次《つぎ》は負《ま》けねえぞ！

スケートボードの新《あたら》しい技《わざ》で、どちらが高《たか》くとべるかライバルときそい合《あ》った。切磋琢磨《せっさたくま》したおかげで、おたがいにまた上達《じょうたつ》できた。

使《つか》い方《かた》まんが ② 調《しら》べ学習《がくしゅう》

調《しら》べ学習《がくしゅう》では、ライバルに負《ま》けないように、たくさんの本《ほん》や資料《しりょう》を読《よ》んで発表《はっぴょう》の内容《ないよう》をまとめた。切磋琢磨《せっさたくま》したかいがあって、とてもいい出来《でき》になった。

たがいにきそい合《あ》えるライバルや、はげまし合《あ》って上《うえ》を目指《めざ》す仲間《なかま》がいれば、「自分《じぶん》もがんばろう！」と力《ちから》がわいてきます。そんなふうに、自分《じぶん》を磨《みが》きながら、たがいに向上《こうじょう》していくようすを表《あらわ》したのが、「切磋琢磨《せっさたくま》」です。

このことばは、『詩経《しきょう》』という中国《ちゅうごく》で一番古《いちばんふる》い詩集《ししゅう》の中《なか》のことばがもとになっています。「切《せつ》」は細工物《さいくぶつ》などの材料《ざいりょう》となるほねや象《ぞう》のきばを刃物《はもの》で切《き》ること、「磋《さ》」はそれらをやすりでとぐこと、「琢《たく》」は玉《たま》や石《いし》を打《う》って形《かたち》を整《ととの》えることで、「磨《ま》」は磨《みが》くことを意味《いみ》します。宝《ほう》石《せき》などを打《う》ち出《だ》し磨《みが》き、価値《かち》の高《たか》いものにするように、友人《ゆうじん》や仲間《なかま》と、おたがいの人《ひと》がらや能力《のうりょく》を磨《みが》いていくということを表《あらわ》しています。

磨の字《じ》が出《で》てくることば

うでを磨《みが》く
能力《のうりょく》やぎじゅつがもっと向上《こうじょう》するように練習《れんしゅう》すること。

玉磨《たまみが》かざれば光《ひかり》なし
どんなに才能《さいのう》があっても、努力《どりょく》しなければ立派《りっぱ》な人間《にんげん》にはなれない。

百戦錬磨《ひゃくせんれんま》
何度《なんど》もたたかってけいけんをつむことで、精神《せいしん》や技《わざ》が磨《みが》かれること。

？クイズ！

ライバルにまつわる慣用句《かんようく》「□をあける」。ライバルを引《ひ》きはなして大《おお》きく差《さ》をつけるという意味《いみ》だよ。□に入《はい》るのはどれ？

A《エイ》 穴《あな》
B《ビー》 道《みち》
C《シー》 水《みず》

答《こた》えは122ページ

事前《じぜん》のじゅんびが役《やく》に立《た》った

そんなときに言《い》いたい！

そなえあればうれいなし

意《い》味《み》

ふだんから十分《じゅうぶん》なじゅんびをしていれば、いざというときに心配《しんぱい》がいらない。

使《つか》い方《かた》まんが 1 時間《じかん》わりの用意《ようい》

おーい！ いつまで寝《ね》てるんだ！
おきろ!!
ガバッ
え!? いま何時《なんじ》!?
やばい！ 今日《きょう》の時間《じかん》わりの用意《ようい》してない！
体育《たいいく》もあるのわすれてた！
あれ!? あれがない！
そなえあればうれいなしだぞ！ ふだんから用意《ようい》しておこう
いってきまーす!!

ねぼうをしたが、その日《ひ》の時間《じかん》わりの用意《ようい》をしておらず、あわててじゅんびをして家《いえ》を出《で》た。お父《とう》さんに「そなえあればうれいなしだ」と注意《ちゅうい》された。

使《つか》い方《かた》まんが 2 雨《あめ》がふってラッキー！

朝《あさ》は晴《は》れてたのに、よくかさ持《も》ってたね～
はい！ そなえあればうれいなしですから！

天気予報《てんきよほう》をチェックしていたおかげで、帰《かえ》り道《みち》は雨《あめ》にぬれずにすんだ。そなえあればうれいなしだ。そのうえ、すきな子《こ》をかさに入《い》れてあげられた。

「うれい」とは、心配《しんぱい》や不安《ふあん》な気持《きも》ちのこと。いつも先回《さきまわ》りして考《かんが》え、きちんとじゅんびしておけば、もしものことがあっても心配《しんぱい》はない、ということです。

昔《むかし》、中国《ちゅうごく》の殷《いん》という国《くに》の王《おう》に対《たい》して、すぐれた部下《ぶか》が国《くに》をおさめる人《ひと》が心《こころ》えておくべきことを話《はな》して聞《き》かせました。その中《なか》のひとつとしてこのことばがあったといわれています。中国《ちゅうごく》の『書経《しょきょう》』という歴史書《れきししょ》の中《なか》に出《で》てくる話《はなし》です。

似《に》た意味《いみ》のことば

転《ころ》ばぬ先《さき》のつえ

しっぱいにそなえて、あらかじめ手《て》を打《う》っておくこと。

→1巻《かん》20ページ

よいうちから養生《ようじょう》

何《なに》ごとも日《ひ》ごろから用心《ようじん》することが大切《たいせつ》だということ。健康《けんこう》なうちから体《からだ》をいたわることが、いちばんの健康法《けんこうほう》であることから。

こんなふうにも使《つか》えるね！

【ぼうさいポスターのキャッチコピーに】

そなえあればうれいなし！

もしものときのために、ひなん場所《ばしょ》を家族《かぞく》ときめておこう。

？クイズ！

反対《はんたい》の意味《いみ》のことわざ「足《あし》もとから□が立《た》つ」。あわてて何《なに》かを始《はじ》めるという意味《いみ》だよ。□に入《はい》るのはどれ？

A《エイ》 犬《いぬ》

B《ビー》 鳥《とり》

C《シー》 猿《さる》

答《こた》えは122ページ

やるしかない！

そんなときに言《い》いたい！

背《はい》水《すい》の陣《じん》

意《い》味《み》

決死《けっし》のかくごでものごとに取《と》り組《く》むこと。

使《つか》い方《かた》まんが 1 最後《さいご》のひとり

苦手《にがて》なドッジボールで、チームで最後《さいご》のひとりになってしまった。でも、背水《はいすい》の陣《じん》でいつもより力《ちから》を出《だ》すことができた。

使《つか》い方《かた》まんが 2 次《つぎ》のテストで…

テストでひどい点《てん》をとったら、お母《かあ》さんから次《つぎ》のテストで満点《まんてん》を取《と》らないと、スケボーをぼっしゅうするとおこられた。まさに背水《はいすい》の陣《じん》だ。

一歩《いっぽ》も引《ひ》けない状況《じょうきょう》で全力《ぜんりょく》をつくすことをいうことばで、中国《ちゅうごく》の『史記《しき》』（→2ページ）という歴史書《れきししょ》の中《なか》に出《で》てくる話《はなし》に由来《ゆらい》しています。

中国《ちゅうごく》の漢《かん》という国《くに》の将軍《しょうぐん》・韓信《かんしん》が、趙《ちょう》という敵《てき》の国《くに》の軍《ぐん》とたたかったとき、あえてすぐ後《うし》ろに川《かわ》がある場所《ばしょ》を陣地《じんち》にしました。すると、後《うし》ろに逃《に》げることができないので、漢軍《かんぐん》の兵《へい》は必死《ひっし》にたたかうしかなくなり、そのけっか大勝《たいしょう》した、という話《はなし》からできたことばです。

これ以上《いじょう》あとには引《ひ》けない、切羽《せっぱ》つまった場合《ばあい》に使《つか》うことが多《おお》いことばです。また、「背水《はいすい》の陣《じん》でのぞむぞ」などのようにあえてあとがない状況《じょうきょう》へと自分《じぶん》を追《お》いこんで、やる気《き》をふるい立《た》たせるときにも使《つか》います。

背の字《じ》が出《で》てくることば

どんぐりの背《せい》くらべ

どれも似《に》たようなもので、目立《めだ》つものがないこと。ぱっとしない者《もの》どうしがあらそっていること。

→1巻《かん》52ページ

背筋《せすじ》が寒《さむ》くなる

こわさなどでぞっとする。

背《せ》を向《む》ける

無関心《むかんしん》でとりあわない態度《たいど》をとる。また、同意《どうい》しないこと。

？クイズ！

背《せ》の字《じ》が入《はい》ったことわざ「背《せ》に□□はかえられぬ」。大事《だいじ》なことのために、他《ほか》をぎせいにするのは仕方《しかた》がないという意味《いみ》だよ。□に入《はい》るのはどちら？

A《エイ》 はら

B《ビー》 あし

答《こた》えは122ページ

過去《かこ》にヒントがあったんだ！

そんなときに言《い》いたい！

故《ふる》きを温《たず》ねて新《あたら》しきを知《し》る

意味《いみ》

古《ふる》いことを学《まな》んだり大切《たいせつ》にしたりすることで、新《あたら》しい知識《ちしき》や価値《かち》を得《え》ること。

使《つか》い方《かた》まんが 1 歴史上《れきしじょう》の先《せん》ぱいたち

みなさん！しずかにしてください！
ワー ワー
キャー キャー
うまくリーダーシップがとれなくて…
故《ふる》きを温《たず》ねて新《あたら》しきを知《し》るというから、歴史上《れきしじょう》のリーダーを参考《さんこう》にしたらどうかな？
なるほど！ さすがは歴史《れきし》に名《な》をのこすリーダーたち！
ふむ ふむ
ぼくもこのやり方《かた》を取《と》り入《い》れてみよう！
次《つぎ》の日《ひ》
何《なに》それ
まずは形《かたち》から入《はい》ってみようと思《おも》いまして！

クラスをまとめるために、歴史上《れきしじょう》のリーダーたちの考《かんが》えや行動《こうどう》を学《まな》んでみたら、とてもためになった。まさに故《ふる》きを温《たず》ねて新《あたら》しきを知《し》るだ。

使い方まんが 2 打《う》ち水《みず》

江戸時代《えどじだい》のくらしでは…
へ〜昔《むかし》は早朝《そうちょう》の打《う》ち水《みず》で暑《あつ》さ対策《たいさく》をしてたんだ。わたしもやってみよう！
本当《ほんとう》に気温《きおん》が下《さ》がってる感《かん》じがする！
エコにもなるし風流《ふうりゅう》ですてき！故《ふる》きを温《たず》ねて新《あたら》しきを知《し》るだな〜
すずし

昔《むかし》は打《う》ち水《みず》で暑《あつ》さ対策《たいさく》をしていたらしいので、実際《じっさい》にやってみた。本当《ほんとう》にすずしくなるだけでなく、風流《ふうりゅう》でエコにもなるし、故《ふる》きを温《たず》ねて新《あたら》しきを知《し》るだ。

新《あたら》しいアイデアや今《いま》の問題《もんだい》を考《かんが》えるとき、歴史《れきし》や昔《むかし》の人《ひと》の考《かんが》えを学《まな》ぶことで、その答《こた》えにつながる何《なに》かが見《み》つかることがあります。

このことばは、中国《ちゅうごく》の『論語《ろんご》』という書物《しょもつ》の中《なか》に出《で》てくる、孔子《こうし》という思想家《しそうか》のことばからできました。「古《ふる》いことを知《し》り、それを今《いま》に生《い》かしていける人《ひと》こそが、人《ひと》にものを教《おし》えるしかくがある」と言《い》ったといわれています。

「温」という漢字《かんじ》はふだん、「おん」「あたた（める）」などと読《よ》みますが、ここでは「たず（ねる）」と読《よ》みます。「古《ふる》いことをもう一度《いちど》あたためてよみがえらせる」「何《なに》かを調《しら》べたり考《かんが》えたりする」という意味《いみ》で使《つか》われています。四字熟語《よじじゅくご》として「温故知新《おんこちしん》」の形《かたち》でもよく使《つか》われます。

知の字《じ》が出《で》てくることば

衣食足《いしょくた》りて礼節《れいせつ》を知《し》る
↓12ページ

井《い》の中《なか》の蛙《かわず》大海《たいかい》を知《し》らず
↓94ページ

知《し》らぬが仏《ほとけ》
知《し》ればはらも立《た》つが、知《し》らなければ仏《ほとけ》のようにおだやかでいられるということ。

?クイズ！

故《こ》の字《じ》が入《はい》ったことわざ「故郷《こきょう》へ□をかざる」。故郷《こきょう》をはなれていた人《ひと》が、出世《しゅっせ》して故郷《こきょう》に帰《かえ》るという意味《いみ》だよ。□に入《はい》るのはどれ？

A《エイ》 銭《ぜに》
B《ビー》 鏡《かがみ》
C《シー》 錦《にしき》

答《こた》えは122ページ

故事成語《こじせいご》カードを作《つく》ろう

気《き》に入《い》った故事成語《こじせいご》、使《つか》いたい故事成語《こじせいご》を選《えら》んでカードにしてみましょう。

作《つく》り方《かた》

1 すきな故事成語《こじせいご》を選《えら》ぼう

この本《ほん》を読《よ》んで、気《き》に入《い》った故事成語《こじせいご》を書《か》きとめておくといいでしょう。

2 意味《いみ》や由来《ゆらい》を調《しら》べよう

この本《ほん》や国語辞典《こくごじてん》などで、故事成語《こじせいご》の正《ただ》しい意味《いみ》や由来《ゆらい》をかくにんします。

3 使《つか》い方《かた》を考《かんが》えよう

この本《ほん》のまんがなどを参考《さんこう》にして、どんな場面《ばめん》で使《つか》われるかを考《かんが》えましょう。

4 カードにまとめよう

左《ひだり》ページのようにカードに書《か》きこみます。カードのひな形《がた》はこの本《ほん》の最後《さいご》にあります。

タブレットやパソコンでも作《つく》れるよ

このQR《キューアール》コードから、カードのPDF《ピーディーエフ》（B《ビー》5サイズ）がダウンロードできるよ。タブレットやパソコンでまとめてもいいね。

カードを作《つく》ったら

みんなで発表《はっぴょう》しよう

作《つく》ったカードを順番《じゅんばん》に読《よ》み上《あ》げましょう。みんなはどんな故事成語《こじせいご》を選《えら》んだでしょう？　みんなの作《つく》った使《つか》い方《かた》もよく聞《き》きましょう。

紙《かみ》しばいにしてみよう

調《しら》べた由来《ゆらい》をもとに、紙《かみ》しばいを作《つく》ってみましょう。故事成語《こじせいご》の由来《ゆらい》の話《はなし》を台本《だいほん》と絵《え》にまとめて、みんなに発表《はっぴょう》します。118ページに作《つく》り方《かた》がのっています。

カードを集《あつ》めて本《ほん》にしよう

みんなのカードをまとめて「故事成語《こじせいご》ブック」を作《つく》ってみましょう。1巻《かん》118ページに作《つく》り方《かた》がのっています。

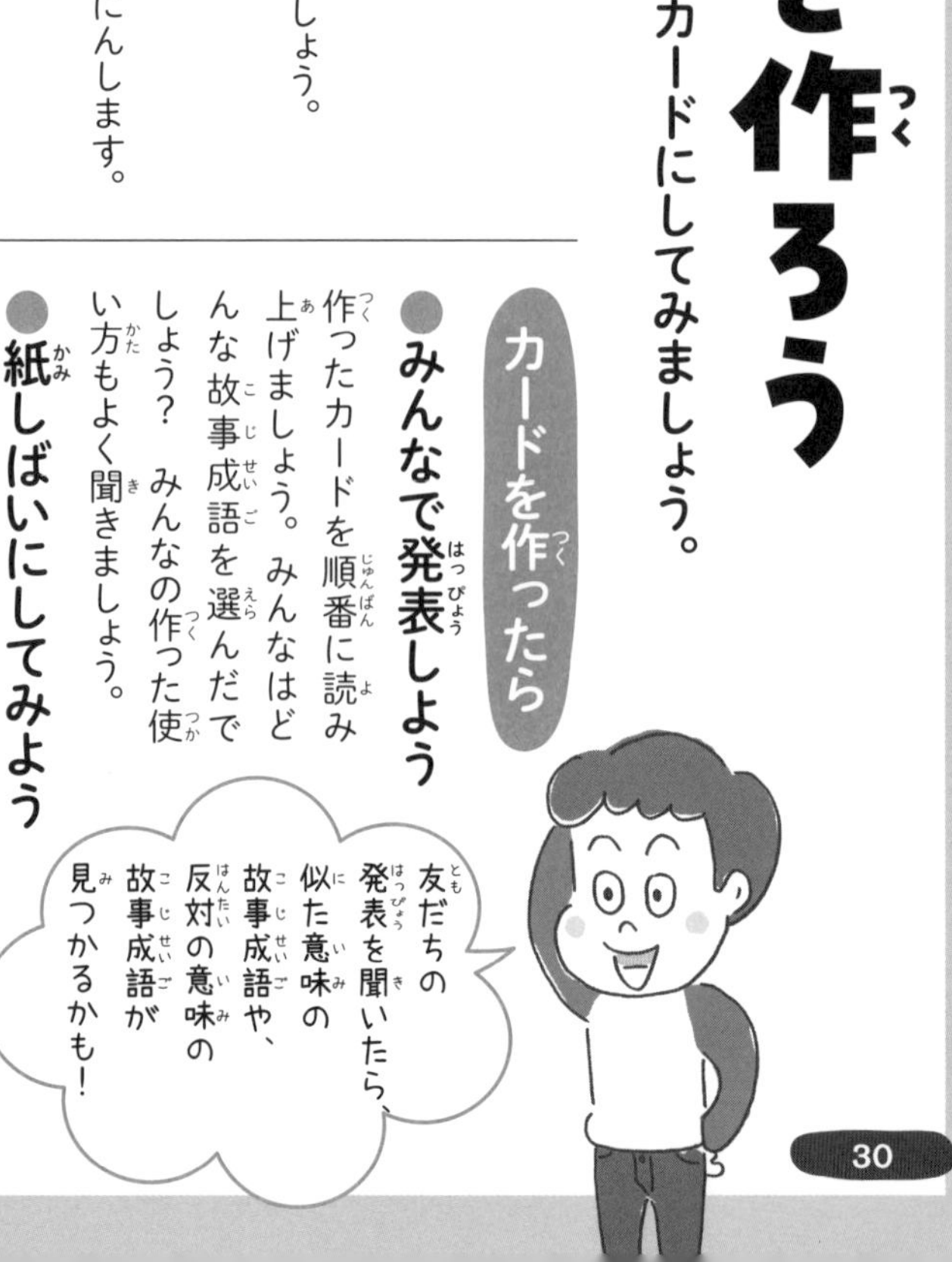
友《とも》だちの発表《はっぴょう》を聞《き》いたら、似《に》た意味《いみ》の故事成語《こじせいご》や、反対《はんたい》の意味《いみ》の故事成語《こじせいご》が見《み》つかるかも！

カードの書《か》き方《かた》の例《れい》

【使《つか》い方《かた》を入《い》れたカード】

故事成語《こじせいご》

そなえあればうれいなし

意味《いみ》

ふだんから十分《じゅうぶん》なじゅんびをしていれば、いざというときに心配《しんぱい》がいらない。

使《つか》い方《かた》

急《きゅう》に停電《ていでん》が起《お》きたが、すぐ手《て》の届《とど》くところに懐中電灯《かいちゅうでんとう》を用意《ようい》していたから、あせらずにすんだ。そなえあればうれいなしというやつだ。

使《つか》い方《かた》のほかに、感想《かんそう》や似《に》た意味《いみ》のことばを入《い》れてもいいね

【由来《ゆらい》を入《い》れたカード】

故事成語《こじせいご》

矛盾《むじゅん》

意味《いみ》

前後《ぜんご》で言《い》ったことやふたつのものごとのつじつまが合《あ》わないこと。

由来《ゆらい》

「何《なん》でもつき通《とお》す矛《ほこ》」と「何《なに》もつき通《とお》せない盾《たて》」を売《う》っている人《ひと》に、「その矛《ほこ》でその盾《たて》をつくとどうなるのか」と聞《き》くと、だまったという話《はなし》から。

絵《え》もかいてもいいね

【使《つか》い方《かた》とまんがを入《い》れたカード】

故事成語《こじせいご》

完璧《かんぺき》

意味《いみ》

足《た》りないところがひとつもなく、完全《かんぜん》であること。

使《つか》い方《かた》

テストの出来《でき》は完璧《かんぺき》だと思《おも》ったが、答《こた》えのらんがひとつずつずれていた。

この本《ほん》のように、故事成語《こじせいご》の使《つか》い方《かた》をまんがにしてみよう！

かってに!

故《こ》事《じ》成《せい》語《ご》ランキング

ツバサとカオルが、かってに故《こ》事《じ》成《せい》語《ご》をランキング! さっそくけっかを見《み》てみよう。

おもしろいことがすきなツバサが選《えら》んだ

由《ゆ》来《らい》がユニークな 故《こ》事《じ》成《せい》語《ご》ベスト3

1 矛《む》盾《じゅん》

72ページ

「どんな盾《たて》でもつき通《とお》す矛《ほこ》」と「どんな矛《ほこ》でもつき通《とお》せない盾《たて》」。この矛《む》盾《じゅん》を指《し》摘《てき》されたときの商人《しょうにん》は、どんな顔《かお》をしていたのかな!

2 虎《とら》の威《い》を借《か》る狐《きつね》

114ページ

3 塞《さい》翁《おう》が馬《うま》

108ページ

人間《にんげん》かんさつがしゅみなカオルが選《えら》んだ

こんな人《ひと》いる! 故《こ》事《じ》成《せい》語《ご》ベスト3

1 石《いし》にくちすすぎ流《なが》れにまくらす

54ページ

ぜったいに自分《じぶん》のまちがいをみとめない人《ひと》って、けっこういるよね。子《こ》どもだけど、意外《いがい》と大人《おとな》にも多《おお》かったりして。ふふ。

2 水《すい》魚《ぎょ》の交《まじ》わり

109ページ

3 烏《う》合《ごう》の衆《しゅう》

96ページ

うれしいな！

言《い》われてみたい 故《こ》事《じ》成《せい》語《ご》 2

こんなふうに言《い》われたら、
思《おも》わず背《せ》すじがのびちゃう！
そんな、うれしい故《こ》事《じ》成《せい》語《ご》が
たくさんあるよ！

ずばぬけてすごい!

そんなときに言《い》いたい!

圧《あっ》巻《かん》

意《い》味《み》

全体《ぜんたい》の中《なか》でもっともすぐれた部分《ぶぶん》のこと。

使《つか》い方《かた》まんが　魔《ま》女《じょ》の役《やく》なんて!

魔女《まじょ》の役《やく》はいやだー!わたしはひめ役《やく》がやりたい!
まあまあそう言《い》わずにほらほら、出番《でばん》だよ
ブンブン
ほらほら
ヒッヒッヒ。このりんごをお食《た》べ…
ひめ役《やく》ができないうらみをここで晴《は》らしてやるわ!
上演後《じょうえんご》
魔女役《まじょやく》の子《こ》圧巻《あっかん》のえんぎだったわね~
さすがアオイ!
すごかったねー

学芸会《がくげいかい》のげきを見《み》にきた人《ひと》が、魔女役《まじょやく》の友《とも》だちのえんぎを「圧巻《あっかん》のえんぎだった」とほめていた。

「映画《えいが》のラストシーンのすばらしさに感動《かんどう》したよ」「サッカーの試合《しあい》で、ひとりだけずばぬけたプレーをしている選手《せんしゅ》がいたんだ」などといったようすを言《い》いたいときにぴったりなことばが「圧《あっ》巻《かん》」です。

「圧巻《あっかん》」は、たんに、すぐれていることをいうのではなく、全体《ぜんたい》の中《なか》で、ある部分《ぶぶん》が他《ほか》とくらべてとくにすぐれていたことについて、しょうげきを受《う》けたようすを表《あらわ》します。

「圧巻《あっかん》」の「巻《かん》」は、「答案《とうあん》」という意味《いみ》です。昔《むかし》、中国《ちゅうごく》にあった「科挙《かきょ》」（→2ページ）という試験《しけん》でせいせきを発表《はっぴょう》するとき、一番《いちばん》せいせきのよかった人《ひと》の答案《とうあん》を、他《ほか》の人《ひと》の答案《とうあん》の上《うえ》においたそうです。つまり、もっともよい「巻《かん》（答案《とうあん》）」が、ほかを「圧《あっ》した（おさえつけた）」のです。このことが由来《ゆらい》となって、ほかを圧倒《あっとう》するような、はるかにすぐれたもののことを「圧巻《あっかん》」というようになりました。

反対《はんたい》の意味《いみ》のことば

五十歩百歩《ごじっぽひゃっぽ》
→64ページ

どんぐりの背《せい》くらべ
どれも似《に》たようなもので、目立《めだ》つものがないこと。→1巻《かん》52ページ

大同小異《だいどうしょうい》
こまかなちがいはあっても、全体《ぜんたい》としてかわらないこと。→4巻《かん》57ページ

こんなふうにも使《つか》えるね！

【きれいな景色《けしき》を見《み》たときに】
前《まえ》に家族《かぞく》で登山《とざん》をしたとき、山《やま》の頂上《ちょうじょう》からのながめが、**圧巻《あっかん》**の美《うつく》しさでした！

クイズ！

巻《まき》の字《じ》が入《はい》った慣用句《かんようく》。口《くち》がきけなくなるほど、おどろいたり感心《かんしん》したりするという意味《いみ》だよ。□に入《はい》ることばは？

□□を巻《ま》く（ひらがなで）

答《こた》えは122ページ

なにもかもすばらしい！

そんなときに言《い》いたい！

完璧《かんぺき》

意味《いみ》

足《た》りないところがひとつもなく、完全《かんぜん》であること。

使《つか》い方《かた》まんが ● ぼくのうわさ…？

友《とも》だちが「完璧《かんぺき》でかっこいい」と、だれかのうわさ話《ばなし》をしていた。ぼくのことだと思《おも》いうれしくなったが、おうえんしているアイドルの話《はなし》だった。

体《たい》そうやフィギュアスケートなどの解説《かいせつ》で、「完璧《かんぺき》なえんぎ」などと言《い》っているのを聞《き》いたことがありませんか？ ひとつも欠点《けってん》がなく、完全《かんぜん》であることをいう「完璧《かんぺき》」は、さまざまな場面《ばめん》で広《ひろ》く使《つか》われることばです。

「完璧《かんぺき》」の「璧《へき》」は、中国《ちゅうごく》で昔《むかし》から宝物《たからもの》として大切《たいせつ》にされた宝石《ほうせき》のこと。昔《むかし》、中国《ちゅうごく》の秦《しん》の国《くに》の王《おう》が、趙《ちょう》の国《くに》のすばらしい璧《へき》をほしがり、十五《じゅうご》の城《しろ》との交換《こうかん》をもちかけました。しかし、じつは秦《しん》の王《おう》は、璧《へき》だけをだまし取《と》ろうとしていたのです。

それに気《き》づいた趙《ちょう》の国《くに》の王《おう》は、優秀《ゆうしゅう》な家来《けらい》・藺相《りんしょう》如《じょ》に秦《しん》の国《くに》へ璧《へき》を持《も》っていかせました。藺相如《りんしょうじょ》は一度《いちど》は璧《へき》を秦《しん》の王《おう》にわたしますが、「この璧《へき》にはじつはきずがあるので見《み》せたい」とうそをついて璧《へき》をうばい返《かえ》し、そのまま持《も》ち帰《かえ》ります。この話《はなし》からできたことばが「完璧《かんぺき》」です。

はじめは「完全《かんぜん》な形《かたち》で持《も》ち帰《かえ》る」という意味《いみ》でしたが、のちに、「きずのない璧《へき》」という意味《いみ》となり、「欠点《けってん》のない完全《かんぜん》な状態《じょうたい》」という意味《いみ》で使《つか》われるようになったのです。

似《に》た意味《いみ》のことば

完全無欠《かんぜんむけつ》
完全《かんぜん》な状態《じょうたい》で、まったく欠点《けってん》がない。

非《ひ》の打《う》ちどころがない
欠点《けってん》のつけどころがなく、完全《かんぜん》である。

反対《はんたい》の意味《いみ》のことば

たたけばほこりが出《で》る
細《こま》かく調《しら》べれば欠点《けってん》が見《み》つかるということのたとえ。

玉《たま》にきず
ほとんど完全《かんぜん》なのに、わずかな欠点《けってん》がある。

こんなふうにも使《つか》えるね！

【テストで自信《じしん》があるとき】
今日《きょう》のテストはしっかり勉強《べんきょう》したから、**完璧《かんぺき》**なできだと思《おも》う！

？クイズ！

璧の字《じ》が入《はい》ったことばだよ。どちらがすぐれているとも決《き》められない、ふたつのものという意味《いみ》の「□璧《へき》」。□に入《はい》るのはどちら？

A《エイ》 両《りょう》
B《ビー》 双《そう》

答《こた》えは122ページ

こんなこと、信《しん》じられない！

そんなときに言《い》いたい！

空《くう》前《ぜん》絶《ぜつ》後《ご》

意《い》味《み》

これまでに一度《いちど》もなく、今後《こんご》もありえないようなこと。

今《いま》までの記録《きろく》をはるかにこえ、今後《こんご》もやぶられないような大記録《だいきろく》がうまれたときなど、めずらしい出来事《できごと》に対《たい》して使《つか》われます。「空前《くうぜん》」が今《いま》より前《まえ》にない、「絶後《ぜつご》」がこれからあとにはないだろう、という意味《いみ》です。『宣和画譜《せんながふ》』という中国《ちゅうごく》の古《ふる》い絵画目録《かいがもくろく》の解説文《かいせつぶん》の中《なか》にあったことばです。

反対《はんたい》の意味《いみ》のことば

日常茶飯《にちじょうさはん》
ありふれた平《へい》ぼんなものごとのたとえ。

使《つか》い方《かた》まんが　大《だい》ヒット！

ある日《ひ》、クラス全員《ぜんいん》が同《おな》じパーカーを着《き》ていておどろいた。このパーカーは、空前絶後《くうぜんぜつご》の大《だい》ヒットとなっているようだ。

ひとりだけレベルがちがう……！

そんなときに言《い》いたい！

鶏《けい》群《ぐん》の一《いっ》鶴《かく》

使《つか》い方《かた》まんが 学《がく》芸《げい》会《かい》のあと…

ぼくは
映画《えいが》かんとくを
しているんだが、
学芸会《がくげいかい》を見《み》たよ。
きみのえんぎ、
すばらしかった
ありがとうございます!!
鶏群《けいぐん》の一鶴《いっかく》
だったよ

学芸会《がくげいかい》のげきで魔女《まじょ》の役《やく》をやったら、見《み》に来《き》ていた人《ひと》に「鶏群《けいぐん》の一鶴《いっかく》だった」とほめてもらった。

意《い》味《み》

たくさんの人《ひと》の中《なか》に、ひとりだけ、すぐれた人《ひと》がまざっている。

「鶏群《けいぐん》」は、にわとりのむれ。「一鶴《いっかく》」は、一羽《いちわ》のつるのことをいいます。もともとは中国《ちゅうごく》の古《ふる》い歴《れき》史《し》書《しょ》『晋書《しんじょ》』（→2ページ）に出《で》てくることばです。にわとりのむれの中《なか》に一《いち》羽《わ》だけ美《うつく》しいつるがまざっていたら、とても目《め》立《だ》って、思《おも》わず目《め》がいくことから、こういわれるようになりました。

似《に》た意《い》味《み》のことば

はきだめにつる

つまらないところに、すぐれたものや美《うつく》しいものがあること。

そんなときに言《い》いたい！

三《さん》顧《こ》の礼《れい》

意味《いみ》

目上《めうえ》の人《ひと》が、目下《めした》の人《ひと》を信頼《しんらい》してものごとをたのむこと。また、とくべつに何《なに》かをまかせたり、もてなしたりすること。

人《ひと》に何《なに》かをたのむときには、だれに対《たい》しても礼《れい》をつくすことが大事《だいじ》だと教《おし》えてくれることば。「三顧《さんこ》」は「三度《さんど》たずねる」という意味《いみ》です。昔《むかし》、中国《ちゅうごく》の蜀《しょく》という国《くに》の王《おう》・劉備《りゅうび》が、低《ひく》い身分《みぶん》の諸葛《しょかつ》孔明《こうめい》という人《ひと》を三度《さんど》もたずねて、軍師《ぐんし》（戦《いくさ》の作戦《さくせん》を考《かんが》える人《ひと》）にむかえた話《はなし》に由来《ゆらい》します。

礼の字《じ》が出《で》てくることば

衣食足《いしょくた》りて礼節《れいせつ》を知《し》る

↓12ページ

使《つか》い方《かた》まんが　どんな先生《せんせい》だろう…

新任《しんにん》の先生《せんせい》は、校長先生《こうちょうせんせい》が三顧《さんこ》の礼《れい》をつくしてむかえたらしい
よろしくね
どんな方《かた》なんでしょう～。楽《たの》しみです
ワクワク

校長先生《こうちょうせんせい》が三顧《さんこ》の礼《れい》をつくしてむかえた先生《せんせい》がやってくると知《し》り、とても期待《きたい》が高《たか》まる。

出藍《しゅつらん》のほまれ

使《つか》い方《かた》まんが　わが子《こ》の成長《せいちょう》

父《とう》ちゃんスケボー教《おし》えて！
2年前《ねんまえ》
いつの間《ま》におれよりうまく…。出藍《しゅつらん》のほまれってこういうことか
見《み》て見《み》て!!

スケートボードはお父《とう》さんに教《おそ》わり始《はじ》めたが、いつの間《ま》にかぼくのほうがうまくなっていた。「出藍《しゅつらん》のほまれだ」と、お父《とう》さんは少《すこ》しくやしそうだった。

意《い》味《み》

弟子《でし》や生徒《せいと》が成長《せいちょう》して、師匠《ししょう》や先生《せんせい》よりもすぐれた人《ひと》になるという名誉《めいよ》。

どんな世界《せかい》でも、弟子《でし》が師匠《ししょう》を追《お》いこすのはたいへんなことですが、それがはたされたとき、「出藍《しゅつらん》のほまれ」といわれます。

「ほまれ」は「ほめられるほどよいこと」という意味《いみ》です。藍《あい》という草《くさ》からとる青色《あおいろ》のせんりょう（色《いろ》をつけるための液体《えきたい》）は、もとの藍《あい》よりも青《あお》い色《いろ》をしている、という、中国《ちゅうごく》の荀子《じゅんし》という思想家《しそうか》のことばをまとめた古《ふる》い書物《しょもつ》の一説《いっせつ》に由来《ゆらい》することばです。同《おな》じような意味《いみ》で、「青《あお》は藍《あい》より出《い》でて藍《あい》より青《あお》し」という言《い》い方《かた》もあります。

あせらず自分《じぶん》を信《しん》じて！

そんなときに言《い》いたい！

大《たい》器《き》晩《ばん》成《せい》

意《い》味《み》

大物《おおもの》になる人《ひと》は、成長《せいちょう》するのに時間《じかん》がかかるということ。

使《つか》い方《かた》まんが 1 未来《みらい》の大女優《だいじょゆう》

オーディションのけっかに落《お》ちこんでいたら、レッスンの先生《せんせい》が、あなたは大器晩成《たいきばんせい》だからだいじょうぶとはげましてくれた。

使《つか》い方《かた》まんが 2 プロ野球選手《やきゅうせんしゅ》

おとなりのマサル兄《にい》ちゃん、プロ野球選手《やきゅうせんしゅ》になったんだって！
あら、そうなの⁉
昔《むかし》は体《からだ》も小《ちい》さくて運動《うんどう》も苦手《にがて》だったのに…。大器晩成《たいきばんせい》だったのね～

となりの家《いえ》のお兄《にい》さんが、プロ野球選手《やきゅうせんしゅ》になったらしい。お母《かあ》さんは「大器晩成《たいきばんせい》だったのね」としみじみしていた。

「大器《たいき》」は「大《おお》きな器《うつわ》」のことで、「晩《ばん》成《せい》」は「おそく出来上《できあ》がること」です。大《おお》きな器《うつわ》はすぐには出来上《できあ》がらず、かんせいまでに時間《じかん》がかかります。このことを、人《ひと》の能力《のうりょく》や才能《さいのう》にあてはめたことばです。本当《ほんとう》の大物《おおもの》になる人《ひと》は、ふつうよりおくれて才能《さいのう》をあらわし、立派《りっぱ》になっていくというわけですね。

中国《ちゅうごく》の『老子《ろうし》』という古《ふる》い書物《しょもつ》の中《なか》に出《で》てくることばです。

大《だい》の字《じ》が出《で》てくることば

井《い》の中《なか》の蛙《かわず》大海《たいかい》を知《し》らず

→94ページ

大胆不敵《だいたんふてき》

度胸《どきょう》があって、何《なに》もおそれないようす。

→4巻《かん》14ページ

大船《おおぶね》に乗《の》る

信《しん》じられるものにまかせたり、きけんなことがなくなったりして安心《あんしん》すること。

→2巻《かん》34ページ

努力《どりょく》していない人《ひと》が言《い》いわけとして使《つか》うと、はずかしいことばだよ！

クイズ！

大器《たいき》が入《はい》った四字熟語《よじじゅくご》。才能《さいのう》のある人《ひと》につまらない仕事《しごと》をさせ、その人《ひと》の力《ちから》を発揮《はっき》させないという意味《いみ》だよ。□に入《はい》る漢字《かんじ》は？

大器《たいき》□用《よう》

答《こた》えは122ページ

みんなにしたわれているね

そんなときに言《い》いたい！

桃《とう》李《り》もの言《い》わざれども下《した》自《おの》ずから道《みち》を成《な》す

意《い》味《み》

立派《りっぱ》な人《ひと》のもとには何《なに》も言《い》わなくても自然《しぜん》と人《ひと》が集《あつ》まる。

使《つか》い方《かた》まんが 1 校《こう》長《ちょう》先《せん》生《せい》

校長先生《こうちょうせんせい》のまわりにはいつも自然《しぜん》と人《ひと》が集《あつ》まるので、桃李《とうり》もの言《い》わざれども下自《したおの》ずから道《みち》を成《な》すとはこのことだなあと思《おも》った。

使《つか》い方《かた》まんが 2 何《なに》も言《い》わずとも…

友《とも》だちは「桃李《とうり》もの言《い》わざれども下自《したおの》ずから道《みち》を成《な》す」ということばが似合《にあ》う人間《にんげん》になりたいと言《い》いながら、自分《じぶん》をアピールしまくっていた。

人《ひと》がらがよく、そんけいできる人《ひと》のまわりには、自然《しぜん》と人《ひと》が集《あつ》まります。このことばは、そんなようすを「桃李《とうり》」にたとえて言《い》ったもので、中国《ちゅうごく》の歴史書《れきししょ》『史記《しき》』（→2ページ）に出《で》てくることばです。

「桃李《とうり》」とは、くだものの「もも」と「すもも」のこと。「自《おの》ずから道《みち》を成《な》す」というのは、自然《しぜん》と道《みち》ができるという意味《いみ》です。つまり、ももやすももは花《はな》は美《うつく》しく実《み》もおいしいので、ものを言《い》わないけれども、自然《しぜん》と人《ひと》が集《あつ》まってきて、その木《き》の下《した》に道《みち》ができる。そのように、人《ひと》がらがすぐれた立派《りっぱ》な人《ひと》のもとには、だまっていてもその人《ひと》をしたう人々《ひとびと》が集《あつ》まってくる、ということです。

だれからもそんけいされるような人《ひと》と出会《であ》ったときに使《つか》ってみたいですね。

道の字《じ》が出《で》てくることば

道《みち》が開《ひら》ける

問題《もんだい》を解決《かいけつ》するやり方《かた》が見《み》つかり、きぼうが見《み》えてきた。→3巻《かん》42ページ

道草《みちくさ》を食《く》う

目的地《もくてきち》に行《い》くとちゅうで、他《ほか》のことに時間《じかん》を使《つか》うこと。→3巻《かん》94ページ

脇道《わきみち》にそれる

話題《わだい》などが本筋《ほんすじ》から外《はず》れた方向《ほうこう》へ進《すす》んで行《い》く。

？クイズ！

道《みち》が入《はい》った慣用句《かんようく》。苦労《くろう》や苦《くる》しみが多《おお》い状態《じょうたい》、または人生《じんせい》のたとえだよ。□に入《はい》ることばは？

□□□の道《みち》（ひらがなで）

答《こた》えは122ページ

すごいいきおいだ!

そんなときに言《い》いたい!

破《は》竹《ちく》のいきおい

意《い》味《み》

いきおいがはげしくて、止《と》めることができないようす。

使《つか》い方《かた》まんが　ランキング1位《い》!

ついにメジャーデビューだ!
メジャーデビュー決定!!
アキラ
1週間後《しゅうかんご》
え! この間《あいだ》デビューしたばかりなのに!
アキラ、ドラマの主演《しゅえん》やるんだ!
アイドル
人気《にんき》1位《い》
ブレイク1位《い》
イケメン1位《い》
それに、いろいろなランキングで1位《い》をとってる!
わー!!!
アイドル
破竹《はちく》のいきおいですごいな〜
これからもおうえんしよう♪
アイドル

メジャーデビューしたばかりのアイドル、アキラの人気《にんき》がいきなり爆発《ばくはつ》! さまざまなランキングで1位《い》をとり、まさに破竹《はちく》のいきおいだ。

「破竹《はちく》」というのは、竹《たけ》をわることを意味《いみ》しています。竹《たけ》は、さいしょの一節《ひとふし》にわれ目《め》を入《い》れると、そのあとは力《ちから》を入《い》れなくても、一気《いっき》に次々《つぎつぎ》とさけていきます。そのように、いきおいが激《はげ》しく、だれにも止《と》めることができないようすを表《あらわ》しているのです。

　このことばは、中国《ちゅうごく》の『晋書《しんじょ》』（→2ページ）という古《ふる》い歴史書《れきししょ》の中《なか》に出《で》てくる話《はなし》に由来《ゆらい》します。昔《むかし》、中国《ちゅうごく》の晋《しん》という国《くに》が、呉《ご》という国《くに》に攻《せ》め入《い》りました。次々《つぎつぎ》に呉《ご》の軍《ぐん》をたおし、ついに呉《ご》の都《みやこ》に近《ちか》づきましたが、そのころは一年《いちねん》でもっとも暑《あつ》くて雨《あめ》の多《おお》い時期《じき》。「この時期《じき》は体調《たいちょう》をくずしやすく、でんせん病《びょう》にかかるきけんがある。一度《いちど》軍《ぐん》を引《ひ》いて冬《ふゆ》まで待《ま》つべきだ」と意見《いけん》が出《で》ます。そんな中《なか》、将軍《しょうぐん》・杜預《とよ》だけは、「今《いま》、わが軍《ぐん》は竹《たけ》をわるときのようにいきおいがある。竹《たけ》は、節《ふし》をひとつふたつわれば、あとは力《ちから》を入《い》れなくても次々《つぎつぎ》とわれる」と言《い》い、そのまま攻《せ》め入《い》ることにしました。そのけっか、晋《しん》の国《くに》は呉《ご》の国《くに》をほろぼし、天下《てんか》をとったという話《はなし》です。

似《に》た意味《いみ》のことば

飛《と》ぶ鳥《とり》を落《お》とすいきおい

いきおいに満《み》ちていて、圧倒的《あっとうてき》なようす。

日《ひ》の出《で》のいきおい

朝日《あさひ》がのぼるようにいきおいがさかんなこと。

向《む》かうところ敵《てき》なし

ひじょうに強《つよ》く、相手《あいて》になるものがいない。

こんなふうにも使《つか》えるね！

【運動会《うんどうかい》の実況《じっきょう》に】

さきほどまでは白組《しろぐみ》が勝《か》っていましたが、赤組《あかぐみ》が**破竹《はちく》のいきおい**でまき返《かえ》してきました！

？クイズ！

竹の字《じ》が入《はい》った慣用句《かんようく》。性格《せいかく》がさっぱりしているという意味《いみ》だよ。□に入《はい》ることばは？

竹《たけ》を□□□よう（ひらがなで）

答《こた》えは122ページ

前例《ぜんれい》にない大記録《だいきろく》だ！

そんなときに言《い》いたい！

破《は》天《てん》荒《こう》

意《い》味《み》

今《いま》までだれもできなかったことをなしとげること。

使《つか》い方《かた》まんが　大食《おおぐ》いチャンピオン誕生《たんじょう》！

これまでだれも完食《かんしょく》したことのない大《おお》もりラーメンを食《た》べきったお客《きゃく》さんがあらわれた。破天荒《はてんこう》な大食《おおぐ》いチャンピオンの誕生《たんじょう》だ！

それまでだれもなしえなかったことを成功《せいこう》させたときに、そのすごさをたたえて、「破天荒《はてんこう》な大《だい》記録《きろく》」「破天荒《はてんこう》なこころみ」のように使《つか》われることばです。中国《ちゅうごく》の古《ふる》い書物《しょもつ》の中《なか》に書《か》かれた話《はなし》がもとになっています。

「破天荒《はてんこう》」の「天荒《てんこう》」とは、「まだ開《ひら》けていない土地《とち》」のこと。昔《むかし》、中国《ちゅうごく》では、役人《やくにん》になるための「科挙《かきょ》」（↓2ページ）という試験《しけん》がありました。その試験《しけん》に受《う》かった人《ひと》がいなかった荊州《けいしゅう》という地《ち》域《いき》のことを、人々《ひとびと》は「天荒《てんこう》」とよんでいました。未開《みかい》で作物《さくもつ》が実《みの》らない、つまり、人材《じんざい》が生《う》まれない土地《とち》というわけです。あるとき、ついにその地《ち》域《いき》から初《はじ》めて合格者《ごうかくしゃ》が出《で》ました。このことを、その地《ち》をおさめていた人《ひと》が「天荒《てんこう》を破《やぶ》った」と言《い》ったという話《はなし》から、それまでだれもできなかったことに成功《せいこう》することを「破天荒《はてんこう》」というようになったのです。

最近《さいきん》では、本来《ほんらい》の意味《いみ》とはことなる「ごうかいで大《だい》たん」や「はちゃめちゃなようす」といった意味《いみ》で使《つか》う人《ひと》もいます。

似《に》た意味《いみ》のことば

型破《かたやぶ》り

これまでの常識《じょうしき》にあてはまらないこと。また、そのようなやり方《かた》。

前人未到《ぜんじんみとう》

今《いま》までだれも達《たっ》したり、なしとげたりしていないこと。

破《は》の字《じ》が出《で》てくることば

破竹《はちく》のいきおい

↓46ページ

破顔一笑《はがんいっしょう》

にっこりとわらうこと。

こんなふうにも使《つか》えるね！

【社会見学《しゃかいけんがく》の感想《かんそう》で】

あの会社《かいしゃ》の社長《しゃちょう》は、**破天荒《はてんこう》**なアイデアで会社《かいしゃ》を大《おお》きく成長《せいちょう》させたらしいです。そんけいします！

?クイズ！

破《は》の字《じ》が入《はい》ったことば。もうどうにでもなれ、という気持《きも》ちで、やけになって行動《こうどう》するさまをいうよ。□に入《はい》ることばは？

破《やぶ》れ□□□（ひらがなで）

答《こた》えは122ページ

正《ただ》しい使《つか》い方《かた》はどっち？

それぞれの故事成語《こじせいご》の使《つか》い方《かた》が正《ただ》しいほうを選《えら》ぼう。

答《こた》えは124ページ

鶏《けい》群《ぐん》の一《いっ》鶴《かく》

ア

わたしだけダンスのふりをまちがえちゃって、**鶏群《けいぐん》の一鶴《いっかく》**だったよ～

イ

体育《たいいく》の時間《じかん》にやったリレーで、ずばぬけて足《あし》の速《はや》い子《こ》がいた。まさに**鶏群《けいぐん》の一鶴《いっかく》**だった！

答《こた》え〔　　〕

完《かん》璧《ぺき》

ア

少《すこ》しまちがえちゃったけど、テストは**完璧《かんぺき》**にできた！

イ

ひとつのミスもない**完璧《かんぺき》**なスピーチができました！

答《こた》え〔　　〕

大器晩成《たいきばんせい》

ア

かれはきっと**大器晩成《たいきばんせい》**なので、ゆっくり成長《せいちょう》していくはずです

イ

こんなに成長《せいちょう》が早《はや》いなんて、**大器晩成《たいきばんせい》**だね

答《こた》え 【　　】

破天荒《はてんこう》

ア

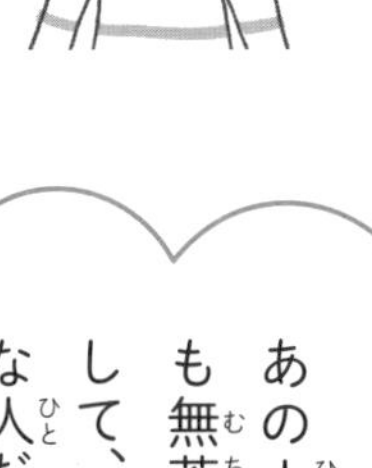

小学生《しょうがくせい》で初《はじ》めてあの山《やま》を登《のぼ》りきったなんて、**破天荒《はてんこう》**な記録《きろく》だね！

イ

あの人《ひと》はいつも無茶《むちゃ》ばかりして、**破天荒《はてんこう》**な人《ひと》だな〜

答《こた》え 【　　】

背《はい》水《すい》の陣《じん》

ア

まだまだよゆうがあるので、**背水《はいすい》の陣《じん》**だと思《おも》って取《と》り組《く》みましょう

イ

このゲームは次《つぎ》にしっぱいしたらゲームオーバー。**背水《はいすい》の陣《じん》**だから、全力《ぜんりょく》でがんばるぞ!

答《こた》え〔　　〕

推《すい》敲《こう》

ア

今回《こんかい》の読書感想《どくしょかんそう》文《ぶん》は何度《なんど》も**推敲《すいこう》**したから、自信《じしん》があるよ

イ

すいり小説《しょうせつ》をよく**推敲《すいこう》**して読《よ》んでいたら、ついに犯人《はんにん》がわかった!

答《こた》え〔　　〕

3 残《ざん》念《ねん》な故《こ》事《じ》成《せい》語《ご》

トホホ……

がっかりしたり、なさけなかったり……そんなときにぴったりな故事成語《こじせいご》だよ。

石《いし》にくちすすぎ流《なが》れにまくらす

使《つか》い方《かた》まんが　オシャレ

ツバサ、服《ふく》がうら返《がえ》しだよ！
やだー
え⁉
いや、これあえてだし。こういうオシャレだし
石《いし》にくちすすぎ流《なが》れにまくらすみたいな言《い》いわけだね

友《とも》だちが服《ふく》をうら返《がえ》しに着《き》ていたので教《おし》えてあげたら、「こういうオシャレだ」と言《い》ってきた。石《いし》にくちすすぎ流《なが》れにまくらすのような言《い》いわけだ。

意《い》味《み》

負《ま》けおしみが強《つよ》く、へりくつを言《い》って無理《むり》やりこじつけをすること。

昔《むかし》、中国《ちゅうごく》の孫楚《そんそ》という人《ひと》が「石《いし》にまくらし流《なが》れにくちすすぐ（自然《しぜん》の中《なか》で自由《じゆう》にひっそりくらすこと）」を「石《いし》にくちすすぎ流《なが》れにまくらす」と言《い》いまちがえました。これを「石《いし》にくちすすぐのは歯《は》をみがくため、流《なが》れにまくらするのは耳《みみ》を洗《あら》うためだ」と言《い》いわけしたという故事《こじ》に由来《ゆらい》します。

まくらが出《で》てくることば

まくらをぬらす

つらさや悲《かな》しさのあまり、ふとんの中《なか》でなくこと。

雲《うん》泥《でい》の差《さ》

使《つか》い方《かた》まんが　シーズン4になってから…

このドラマ、シーズン4でかんとくがかわってから、つまらなくなったよな
シーズン3まではすごくおもしろかったのにね。これまでとは雲泥《うんでい》の差《さ》だよ

お気《き》に入《い》りのドラマは、新作《しんさく》でかんとくがかわり、つまらなくなった。前作《ぜんさく》まではとてもおもしろかったのに、これまでとは雲泥《うんでい》の差《さ》だ。

意《い》味《み》

あまりにも差《さ》があり、くらべものにならない。

くらべものにならないほどかけはなれているときや、それほどまでに大《おお》きなちがいがある場合《ばあい》に使《つか》われます。雲《くも》と泥《どろ》ほどの差《さ》がある、すなわち、天《てん》と地《ち》ほどに大《おお》きくはなれている、ということですね。『後漢書《ごかんじょ》』（↓2ページ）という中国《ちゅうごく》の古《ふる》い歴史書《れきししょ》などに出《で》てくることばに由来《ゆらい》します。

雲の字《じ》が出《で》てくることば

雲《くも》をつかむ
ばくぜんとしていて、とらえどころがないさま。

本当《ほんとう》に実現《じつげん》できるの？

そんなときに言《い》いたい！

絵《え》に描《か》いたもち

意味《いみ》

実現《じつげん》する見《み》こみがなく、意味《いみ》がないもの。本物《ほんもの》でなければ価値《かち》がないもの。

使《つか》い方《かた》まんが 1 いつかこんなお店《みせ》に…

見《み》て！ うちの店《みせ》のたてかえ計画《けいかく》を考《かんが》えたんだ！
へ〜。どんな感《かん》じ？
ババーン!!
まずは100人《にん》すわれるテーブルにしてかべに大《おお》きなスクリーンをつけて、あとドリンクバーとアイスクリームマシーンをおいて、それから、それから…
…ふーん
ってこんなの、絵《え》に描《か》いたもちってやつだよな
まあ、実現《じつげん》できるようにがんばれ

うちの店《みせ》のたてかえ計画《けいかく》を考《かんが》えたので妹《いもうと》に見《み》せてみた。絵《え》に描《か》いたもちのような内容《ないよう》ではあるけれど、いつか実現《じつげん》できたらいいなと思《おも》う。

使《つか》い方《かた》まんが 2 選挙演説《せんきょえんぜつ》

〇山△太
〇山△太
ペラペラ〜
ペラペラ〜
フッ
調子《ちょうし》よく話《はな》していても
絵《え》に描《か》いたもちね。
本当《ほんとう》にそんな目標《もくひょう》
実現《じつげん》できるのかしら

駅前《えきまえ》で選挙演説《せんきょえんぜつ》をしている人《ひと》がいたが、口先《くちさき》だけならば、けっきょくは絵《え》に描《か》いたもちだ。

アイデアはすばらしいが実現《じつげん》する見《み》こみがなく、実際《じっさい》の役《やく》には立《た》たないような場合《ばあい》に使《つか》われます。絵《え》に描《か》かれたもちは、どれだけおいしそうに見《み》えても実際《じっさい》には食《た》べられないことから、このような使《つか》われ方《かた》をするようになりました。

このことばは、中国《ちゅうごく》の古《ふる》い歴史書《れきししょ》『三国志《さんごくし》』に出《で》てくる話《はなし》に由来《ゆらい》します。

昔《むかし》、中国《ちゅうごく》の文帝《ぶんてい》という人《ひと》が役人《やくにん》を選《えら》ぶとき、「人《ひと》を選《えら》ぶときは、評判《ひょうばん》にたよってはいけない。評判《ひょうばん》というものは、絵《え》に描《か》いたもちが食《た》べられないのと同《おな》じで、実際《じっさい》には何《なん》の役《やく》にも立《た》たないからだ」と言《い》ったというものです。ここから「画餅《がべい》に帰《き》す」ということばができ、これがもとになって、「絵《え》に描《か》いたもち」ということばがうまれました。

似《に》た意味《いみ》のことば

机上《きじょう》の空論《くうろん》
机《つくえ》の上《うえ》で考《かんが》えただけの、実際《じっさい》には役《やく》に立《た》たない意見《いけん》。

砂上《さじょう》の楼閣《ろうかく》
実現《じつげん》ふかのうなことのたとえ。また、くずれやすいもののたとえ。

たたみの上《うえ》の水練《すいれん》
理論《りろん》や方法《ほうほう》を知《し》っているだけで、実際《じっさい》の役《やく》には立《た》たないこと。

？クイズ！

絵《え》が入《はい》った慣用句《かんようく》。ある光景《こうけい》や人《ひと》の動作《どうさ》などが美《うつく》しく、絵《え》の題材《だいざい》にできそうなほどだ、という意味《いみ》だよ。□に入《はい》ることばは？

絵《え》に□□（ひらがなで）

答《こた》えは123ページ

考《かんが》えすぎだったなあ

そんなときに言《い》いたい！

杞《き》憂《ゆう》

意《い》味《み》

よけいな心《しん》配《ぱい》をすること。

使《つか》い方《かた》まんが 1 まさか不《ふ》良《りょう》に…!?

家《いえ》で竹刀《しない》を見《み》つけ、息子《むすこ》が不良《ふりょう》になったのかと心配《しんぱい》になった。しかしそれは杞憂《きゆう》だったようで、体力作《たいりょくづく》りで、すぶりをするためのものだった。

使《つか》い方《かた》まんが② 遠足《えんそく》は心配《しんぱい》だらけ

明日《あした》の遠足《えんそく》、
雨《あめ》がふったらどうしよう…。
それに、急《きゅう》に寒《さむ》くなるかも！
あれも入《い》れて、これも入《い》れて…
遠足《えんそく》の帰《かえ》り道《みち》
ピカー
なんか荷物《にもつ》多《おお》くない？ あと、暑《あつ》くないの？
すべてが杞憂《きゆう》に終《お》わった…

遠足《えんそく》のじゅんびをしていたら、当日《とうじつ》の天気《てんき》などいろいろなことが心配《しんぱい》になり、荷物《にもつ》がとても多《おお》くなった。しかし、すべてが杞憂《きゆう》に終《お》わった。

心配《しんぱい》するひつようがないことについて、あれこれとなやんでいる人《ひと》がいたら、このことばの出番《でばん》です。また、けっかとしてしなくてよい心配《しんぱい》だったとわかったときに、「心配《しんぱい》したけど杞憂《きゆう》だった」という使《つか》い方《かた》をすることもあります。

由来《ゆらい》となったのは、中国《ちゅうごく》の『列子《れっし》』（→2ページ）という書物《しょもつ》の中《なか》にある話《はなし》です。昔《むかし》、中国《ちゅうごく》にあった杞《き》という国《くに》に、たいへん心配性《しんぱいしょう》の男《おとこ》がいました。その男《おとこ》は、空《そら》が落《お》ちてきて、大地《だいち》がくずれてしまうのではないかと心配《しんぱい》するあまり、夜《よる》もおちおちねむれず、食事《しょくじ》ものどを通《とお》らなくなってしまいました。「杞《き》の国《くに》の人《ひと》の憂《うれ》い（心配《しんぱい》）」ということから、しなくてもいい心配《しんぱい》をすることを「杞憂《きゆう》」というようになったのです。

似《に》た意味《いみ》のことば

疑心暗鬼《ぎしんあんき》を生《しょう》ず
→80ページ

気《き》で気《き》をつかう
よけいな心配《しんぱい》をして、自分《じぶん》で自分《じぶん》を苦《くる》しめること。

憂《ゆう》が出《で》てくることば

一喜一憂《いっきいちゆう》
状況《じょうきょう》が変化《へんか》するたびに、よろこんだり心配《しんぱい》したりすること。
→4巻《かん》93ページ

？クイズ！

「杞憂《きゆう》」と同《おな》じく、将来《しょうらい》のことをあれこれ考《かんが》えて心配《しんぱい》するという意味《いみ》だよ。□に入《はい》ることばは？

□□□□苦労《くろう》（ひらがなで）

答《こた》えは123ページ

今《いま》のうちに、いただき！

そんなときに言《い》いたい！

漁《ぎょ》夫《ふ》の利《り》

意《い》味《み》

ふたりがあらそっている間《あいだ》にべつの人《ひと》がそれを横《よこ》取《ど》りしてとくをすること。

使《つか》い方《かた》まんが 1 大《おお》きな大《だい》根《こん》

あ！ 大《おお》きな大根《だいこん》！
みっけ!!
よし!!
立派《りっぱ》な大根《だいこん》です！
オレのほうが早《はや》かったぞ！
いいえ！ ぼくです！
じゃあ じゃんけんで 決《き》めるぞ！
のぞむ ところです！
じゃんけん
ほい!!
いまのうちに いただいちゃう。 漁夫《ぎょふ》の利《り》だね、 ふふ
あら大《おお》きい♡

友《とも》だちふたりが、大《おお》きな大根《だいこん》をどちらが先《さき》に見《み》つけたかであらそっていたので、そのすきに横取《よこど》りした。楽《らく》に立派《りっぱ》な大根《だいこん》が手《て》に入《はい》り、まさに漁夫《ぎょふ》の利《り》だ。

使《つか》い方《かた》まんが 2 テレビのチャンネル

弟《おとうと》とテレビのチャンネルをあらそっていたら、その間《あいだ》にお母《かあ》さんが漁夫《ぎょふ》の利《り》を得《え》て、ひとりでテレビをどくせんしていた。

ほしいものをうばい合《あ》っていると、まわりが見《み》えなくなりがちです。そのすきにべつの人《ひと》が横取《よこど》りしてとくをすることを表《あらわ》すのが「漁夫《ぎょふ》の利《り》」です。「漁夫《ぎょふ》の利《り》を得《え》る」「漁夫《ぎょふ》の利《り》をしめる」などという使《つか》われ方《かた》をします。

「漁夫《ぎょふ》」とは漁師《りょうし》のこと。あるとき、しぎという鳥《とり》が貝《かい》を食《た》べようと、くちばしを貝《かい》のからのすきまに入《い》れました。すると、貝《かい》はからをとじて、しぎのくちばしをはさみました。両者《りょうしゃ》がたがいにあらそっていると、通《とお》りかかった漁師《りょうし》が両方《りょうほう》ともつかまえてしまいました。漁師《りょうし》は苦《く》労《ろう》せずにえものを得《え》たわけです。「漁夫《ぎょふ》の利《り》」は、この話《はなし》に由来《ゆらい》する故事成語《こじせいご》で、中国《ちゅうごく》の『戦国策《せんごくさく》』（→2ページ）という書物《しょもつ》の中《なか》に出《で》てきます。

似《に》た意味《いみ》のことば

棚《たな》からぼたもち

何《なに》もせずに思《おも》いがけない幸運《こううん》をつかむこと。↓1巻《かん》109ページ

ぬれ手《て》で粟《あわ》

何《なん》の苦労《くろう》もせずに大《おお》きな利益《りえき》を得《え》ること。

反対《はんたい》の意味《いみ》のことば

あぶはち取《と》らず

よくを出《だ》してふたつのものをほしがり、結局《けっきょく》どちらも手《て》に入《はい》らないこと。
↓1巻《かん》84ページ

?クイズ！

利《り》の字《じ》が入《はい》ったことわざ。悪《わる》いことばかりで、よいことはひとつもないという意味《いみ》だよ。□に入《はい》る漢数字《かんすうじ》は？

□害《がい》あって一利《いちり》なし

答《こた》えは123ページ

今回《こんかい》ばかりは手《て》を組《く》む！

そんなときに言《い》いたい！

呉《ご》越《えつ》同《どう》舟《しゅう》

意《い》味《み》

なかの悪《わる》い者《もの》どうしが、ともに行《こう》動《どう》すること。また、同《おな》じ目《もく》的《てき》のために協《きょう》力《りょく》すること。

使《つか》い方《かた》まんが　ライバル

いつもはライバルできそい合《あ》っているふたり
バチ
バチ
でも今日《きょう》は話《はなし》がちがう。なぜなら…
オレの足《あし》ひっぱるなよ
お前《まえ》もな
ガシッ
ふたりで成功《せいこう》させたい技《わざ》があるから！
今日《きょう》は呉越同舟《ごえつどうしゅう》でいくぜ！
おう！

ぼくには負《ま》けたくないスケートボードのライバルがいる。しかし、ペアでやる技《わざ》を成功《せいこう》させるために、この日《ひ》ばかりは呉越同舟《ごえつどうしゅう》で協力《きょうりょく》し合《あ》った。

なかが悪《わる》い相手《あいて》でも、ぐうぜん同《おな》じ場所《ばしょ》にいることになったり、行動《こうどう》をともにしなければならなかったりすることがあります。また、ふだんはいがみ合《あ》っている相手《あいて》でも、目的《もくてき》が同《おな》じなら協力《きょうりょく》することもあります。そのような状況《じょうきょう》を表《あらわ》すときに使《つか》うのが「呉越同舟《ごえつどうしゅう》」です。

「呉越同舟《ごえつどうしゅう》」は、中国《ちゅうごく》の『孫子《そんし》』という書物《しょもつ》の中《なか》にある話《はなし》に由来《ゆらい》します。昔《むかし》、中国《ちゅうごく》にあった呉《ご》の国《くに》と越《えつ》の国《くに》はなかが悪《わる》く、戦《いくさ》をくり返《かえ》していました。そんななかであっても、もしもたまたま両《りょう》国《こく》の人《ひと》が同《おな》じ舟《ふね》に乗《の》り合《あ》わせて川《かわ》をわたろうとしたとき、暴風雨《ぼうふうう》にあったとしたら、命《いのち》のためにおたがい助《たす》け合《あ》うだろう、という話《はなし》です。この話《はなし》がもとになり、なかの悪《わる》い者《もの》どうしが同《おな》じ場所《ばしょ》にいることや、同《おな》じ目標《もくひょう》や困難《こんなん》に立《た》ち向《む》かうときには協力《きょうりょく》することを表《あらわ》すことばとして、使《つか》われるようになりました。

ふだんからなかがいい人《ひと》どうしが協力《きょうりょく》するときに使《つか》うのはあやまりですが、同《おな》じチーム内《ない》のライバルどうしなら、使《つか》うことができます。

似《に》た意味《いみ》のことば

同舟相救《どうしゅうあいすく》う

ふだんなかが悪《わる》かったり、見《み》ず知《し》らずの関係《かんけい》だったりしても、ピンチのときは助《たす》け合《あ》うこと。

舟・船の字《じ》が出《で》てくることば

乗《の》りかかった船《ふね》

一度《いちど》かかわった以上《いじょう》、とちゅうでやめるわけにはいかないということ。

↓3巻《かん》21ページ

こんなふうにも使《つか》えるね！

【スポーツの大会《たいかい》で】

あのふたり、ふだんは一位《いちい》の座《ざ》をきそい合《あ》っているのに、団体戦《だんたいせん》では、**呉越同舟《ごえつどうしゅう》**でがんばっていたね。

?クイズ！

船《ふね》が出《で》てくることわざ。ものごとが都合《つごう》よく進《すす》むことをいう「□□□に船《ふね》」の□に入《はい》るのはどちら？

A《エイ》 **みなと**

B《ビー》 **わたり**

答《こた》えは123ページ

そんなときに言《い》いたい！

五《ご》十《じっ》歩《ぽ》百《ひゃっ》歩《ぽ》

意《い》味《み》

たいしたちがいがなく、似《に》たようなものだということ。

少《すこ》しのちがいはあるものの、どちらもたいしてかわらないことに対《たい》して使《つか》うことばです。

昔《むかし》、中国《ちゅうごく》の恵王《けいおう》という王《おう》が、孟子《もうし》という思想家《しそうか》に「自分《じぶん》はよい政治《せいじ》をしているのに、なぜ国民《こくみん》がふえないのか」と聞《き》きました。孟子《もうし》は、「戦場《せんじょう》で五十歩《ごじっぽ》逃《に》げた者《もの》が、百歩《ひゃっぽ》逃《に》げた者《もの》を臆病者《おくびょうもの》だとわらったとして、どちらも逃《に》げたことにはかわりません。それと同《おな》じで、あなたの政治《せいじ》は他《ほか》の国《くに》と大《たい》差《さ》がないのです」と言《い》ったという、昔《むかし》の中国《ちゅうごく》の書《しょ》物《もつ》『孟子《もうし》』（→2ページ）の話《はなし》に由来《ゆらい》します。

使《つか》い方《かた》まんが　ちこくはちこく

ごめん10分《ぷん》ちこくした！
おそいよ！
あんたもちこくしたんでしょ!?
オレは5分《ふん》だけだも～ん
ねえ！カオルどう思《おも》う!?
ズバッ!!
どっちもちこくだから五十歩百歩《ごじっぽひゃっぽ》だね！

待《ま》ち合《あ》わせの時間《じかん》に友《とも》だちは10分《ぷん》、もうひとりの友《とも》だちは5分《ふん》ちこくした。それでふたりは言《い》いあらそっていたが、どちらもちこくなので五十歩百歩《ごじっぽひゃっぽ》だ。

これは夢？ それとも現実？

そんなときに言《い》いたい！

胡《こ》蝶《ちょう》の夢《ゆめ》

使《つか》い方《かた》まんが　オレはチョウ？　人間《にんげん》？

あれ？　本当《ほんとう》はオレ
チョウだったのか？
今《いま》は人間《にんげん》になった
夢《ゆめ》を見《み》ている？
ムクッ
なにねぼけてんの？
胡蝶《こちょう》の夢《ゆめ》だね

チョウになる夢《ゆめ》を見《み》て目《め》がさめたら、自分《じぶん》が人《ひと》なのか、本当《ほんとう》はチョウで、人《ひと》になる夢《ゆめ》を見《み》ているのかわからなくなり、妹《いもうと》に「胡蝶《こちょう》の夢《ゆめ》だね」と言《い》われた。

意《い》味《み》

夢《ゆめ》と現実《げんじつ》とが区別《くべつ》できないことのたとえ。また、人生《じんせい》のはかなさのたとえ。

「胡蝶《こちょう》」とは、チョウの古《ふる》い言《い》い方《かた》です。このことばは、中国《ちゅうごく》の古《ふる》い書物《しょもつ》『荘子《そうじ》』（↓2ページ）の話《はなし》に出《で》てくる由来《ゆらい》しています。昔《むかし》、中国《ちゅうごく》の荘子《そうし》という人《ひと》が、夢《ゆめ》でチョウになったのか、チョウが夢《ゆめ》の中《なか》で自分《じぶん》になったのか、区別《くべつ》がつかなくなったという話《はなし》です。

夢の字《じ》が出《で》てくることば

無《む》我《が》夢《む》中《ちゅう》
あることに心《こころ》をうばわれ、われをわすれてしまうこと。
↓4巻《かん》18ページ

助長《じょちょう》

意《い》味《み》

いらない手助《てだす》けをして、かえって害《がい》をあたえること。

よかれと思《おも》ってしたことが、かえって悪《わる》いけっかを生《う》んでしまった……。そんなときに使《つか》うことばです。昔《むかし》の中国《ちゅうごく》の書物《しょもつ》『孟子《もうし》』(↓2ページ)の中《なか》にある、自分《じぶん》の畑《はたけ》のなえを早《はや》く成長《せいちょう》させようとした人《ひと》が、無理《むり》になえを引《ひ》っぱったことですべてからしてしまった、という話《はなし》に由来《ゆらい》します。

似《に》た意《い》味《み》のことば

火《ひ》に油《あぶら》を注《そそ》ぐ

いきおいのはげしいものに、さらにいきおいをくわえること。さらに悪《わる》くすること。↓3巻《かん》89ページ

使《つか》い方《かた》まんが　きもだめし

今日《きょう》はみんなできもだめし!

こわいよ~

アオイさんだいじょうぶです!

さきほど白《しろ》い服《ふく》を着《き》たかみの長《なが》い女性《じょせい》を見《み》かけましたが、気《き》づくと消《き》えてしまいましたから!

ぎゃくにきょうふ心《しん》を助長《じょちょう》させてるよ?


きもだめしをしたとき、こわがる友《とも》だちを安心《あんしん》させようとして言《い》ったことが、かえってきょうふ心《しん》を助長《じょちょう》させてしまった。

まさか、うそでしょ!?

そんなときに言《い》いたい!

青《せい》天《てん》のへきれき

使《つか》い方《かた》まんが そんなの聞《き》いてない!

先生《せんせい》がとつぜん、今回《こんかい》のテストで20点以下《てんいか》だった人《ひと》を対象《たいしょう》に放課後《ほうかご》に勉強会《べんきょうかい》をやると言《い》い出《だ》した。ちなみにぼくは18点《てん》。青天《せいてん》のへきれきだ。

意《い》味《み》

思《おも》いがけなく起《お》こるとつぜんの出来事《できごと》や、大事件《だいじけん》のたとえ。

「青天《せいてん》」は雲《くも》ひとつない青空《あおぞら》、「へきれき」は雷《かみなり》がはげしく鳴《な》ることです。つまり、とつぜんの出来事《できごと》や大事件《だいじけん》を、晴《は》れた青空《あおぞら》にいきなりとどろく雷鳴《らいめい》にたとえているわけです。中国《ちゅうごく》の陸游《りくゆう》という詩人《しじん》の詩《し》のことばに由来《ゆらい》しています。「晴天《せいてん》」と書《か》かないように気《き》をつけましょう。

似《に》た意味《いみ》のことば

寝耳《ねみみ》に水《みず》

とつぜんの思《おも》いがけないことが起《お》こっておどろくこと。

結局同《けっきょくおな》じじゃん！

そんなときに言《い》いたい！

朝三暮四《ちょうさんぼし》

意味《いみ》

目先《めさき》のちがいにとらわれてけっかが同《おな》じことに気《き》がつかないこと。また、ことばたくみに人《ひと》をだますこと。

使《つか》い方《かた》まんが 1 勉強《べんきょう》の合計時間《ごうけいじかん》

またゲームして！少《すこ》しは勉強《べんきょう》しなさい
も～わかったよ
じゃあ国語《こくご》を15分《ふん》、算数《さんすう》を25分《ふん》やるよ
それだけ!?
もっとがんばりなさいよ
じゃあ国語《こくご》を30分《ぷん》、算数《さんすう》を10分《ぷん》でいい!?
そうね、そのくらいの時間《じかん》は…
ってそれ、合計時間《ごうけいじかん》いっしょでしょ！朝三暮四《ちょうさんぼし》みたいなこと言《い》うのやめなさい！
ばれたか

お母《かあ》さんが勉強《べんきょう》をしろと言《い》うので、合計時間《ごうけいじかん》はかえずに言《い》い方《かた》をかえてうまくだまそうとしたら、朝三暮四《ちょうさんぼし》みたいなことを言《い》うなとおこられた。

使《つか》い方《かた》まんが 2 安《やす》くはなったけど…

あ、このせんべい前《まえ》より安《やす》くなってる
でも前《まえ》より枚数《まいすう》がへっている…
朝三暮四《ちょうさんぼし》ってやつだねこりゃ

すきなせんべいのねだんが安《やす》くなっていたのでよろこんだが、あけてみると枚数《まいすう》がへっていたので、結《けっ》局《きょく》は朝三暮四《ちょうさんぼし》だ。

中身《なかみ》は同《おな》じなのに、言《い》い方《かた》ややり方《かた》がかわったことで中身《なかみ》までかわったと思《おも》いこんでしまうことがあります。そんな目《め》先《さき》のちがいだけに気《き》をとられ、話《はなし》に乗《の》ってしまったときや、ぎゃくに、ことばたくみに人《ひと》をだますことを表《あらわ》すときに使《つか》うことばです。

「朝三暮四《ちょうさんぼし》」は、中国《ちゅうごく》の『列子《れっし》』（→2ページ）という書物《しょもつ》の中《なか》の話《はなし》に由来《ゆらい》します。さるをかっていた人《ひと》が、エサの木《き》の実《み》の数をへらそうと考え、木の実を朝《あさ》に三《みっ》つ、夕方《ゆうがた》に四《よっ》つやろうと言《い》うと、さるはおこりました。それなら朝《あさ》に四《よっ》つ、夕《ゆう》方《がた》に三《みっ》つならどうだと言《い》うと、今度《こんど》はさるがよろこんだ、という話《はなし》です。どちらも合計《ごうけい》は七《なな》つですね。本質《ほんしつ》を見《み》ぬくことの大切《たいせつ》さをとくことばでもあります。

似《に》た意味《いみ》のことば

一杯《いっぱい》食《く》わす
うまく人《ひと》をだます。

口車《くちぐるま》に乗《の》る
たくみに言《い》いくるめられて、だまされる。

暮の字《じ》が出《で》てくることば

朝令暮改《ちょうれいぼかい》
朝《あさ》出《だ》した命令《めいれい》を夕方《ゆうがた》には改《あらた》めるということから、ほうりつや命令《めいれい》がしばしばかわって定《さだ》まらないこと。

クイズ！

朝の字《じ》が入《はい》った四字熟語《よじじゅくご》。ほんの少《すこ》しの時《じ》間《かん》、短《みじか》い期間《きかん》のたとえだよ。□に入《はい》る漢字《かんじ》は？

一朝一□《いっちょういっ》

答《こた》えは123ページ

もうもとにはもどらない……

そんなときに言《い》いたい！

覆《ふく》水《すい》盆《ぼん》に返《かえ》らず

意《い》味《み》

一度《いちど》してしまったことは、取《と》り返《かえ》しがつかないということ。

使《つか》い方《かた》まんが 1 お母《かあ》さんのゆびわ

見《み》て！ これお母《かあ》さんのお気《き》に入《い》りのゆびわ♪
かりてきちゃった
うわー高《たか》そう
わたしもいつかこんなゆびわを買《か》えるようになりたいな〜
くるくる
スポッ
あ!
ああ〜!!
ポチャ
覆水盆《ふくすいぼん》に返《かえ》らずだ。正直《しょうじき》にあやまれよ…
…うん

お母《かあ》さんのお気《き》に入《い》りのゆびわをこっそり持《も》ち出《だ》したら、川《かわ》に落《お》としてなくしてしまった。覆水盆《ふくすいぼん》に返《かえ》らず、正直《しょうじき》にあやまるしかない。

使《つか》い方《かた》まんが 2 行《い》かないで〜!

かい犬《いぬ》のペロには大《だい》すきなオス犬《いぬ》がいる。ある日《ひ》、かれのしっぽをふんで、きらわれてしまった。かわいそうだが、覆水盆《ふくすいぼん》に返《かえ》らずだ。

取《と》り返《かえ》しのつかないしっぱいをしてしまったときや、相手《あいて》をひどくおこらせて絶交《ぜっこう》されてしまったときなどに使《つか》われることばです。昔《むかし》の中国《ちゅうごく》の将軍《しょうぐん》・太公望《たいこうぼう》という人《ひと》の故事《こじ》に由来《ゆらい》します。

太公望《たいこうぼう》はわかいころ、本《ほん》ばかり読《よ》んでいてろくにはたらかず、妻《つま》に離婚《りこん》されてしまいます。しかし後《のち》に太公望《たいこうぼう》が出世《しゅっせ》すると、わかれた妻《つま》が再婚《さいこん》をねがってきました。それに対《たい》して太公望《たいこうぼう》は、お盆《ぼん》の水《みず》をこぼしてみせて、「その水《みず》を元《もと》にもどしたらねがいをきいてやろう」と言《い》ったのでした。こぼれた水《みず》(覆水《ふくすい》)がお盆《ぼん》に返《かえ》ることはないですよね。このように、再婚《さいこん》をことわった話《はなし》からうまれたことばです。「覆水《ふくすい》おさめがたし」という言《い》い方《かた》もします。

似《に》た意味《いみ》のことば

あとの祭《まつ》り

終《お》わったあとに後悔《こうかい》してももうおそいということ。→1巻《かん》38ページ

後悔《こうかい》先《さき》に立《た》たず

すでに終《お》わったことをいくらくやんでも取《と》り返《かえ》しがつかない。

時《とき》すでにおそし

今《いま》となっては打《う》つ手《て》がなく、手《て》おくれだということ。

?クイズ!

反対《はんたい》の意味《いみ》のことばで、はなればなれになった人《ひと》どうしが、ふたたびもとの関係《かんけい》にもどることを「元《もと》の□□におさまる」というよ。□に入《はい》るのはどちら?

A《エイ》 はこ

B《ビー》 さや

答《こた》えは123ページ

言《い》っていることがちぐはぐじゃない?

そんなときに言《い》いたい!

矛《む》盾《じゅん》

意味《い み》

前後《ぜんご》で言《い》ったことやふたつのものごとのつじつまが合《あ》わないこと。

使《つか》い方《かた》まんが 1 食《く》いちがう証言《しょうげん》

外出《がいしゅつ》している間《あいだ》に家《いえ》のカーテンにしょうゆのしみがついていたので、子《こ》どもたちを問《と》いただした。しかし、ふたりの証言《しょうげん》は矛盾《むじゅん》していた。

使《つか》い方《かた》まんが 2 ゆらがない気持《きも》ち？

友《とも》だちはすきな人以外《ひといがい》の子《こ》に心《こころ》が動《うご》くことはないと言《い》いつつ、他《ほか》の子《こ》からのラブレターを見《み》せたらよろこんで受《う》け取《と》っていた。言動《げんどう》が矛盾《むじゅん》している。

つじつまの合《あ》っていないことを指摘《してき》するときに使《つか》えることばが「矛盾《むじゅん》」です。

このことばは、『韓非子《かんぴし》』（→2ページ）という中国《ちゅうごく》の書物《しょもつ》に由来《ゆらい》があります。昔《むかし》、中国《ちゅうごく》の楚《そ》の国《くに》で、矛《ほこ》（やりのような武器《ぶき》）と盾《たて》（板状《いたじょう》の身《み》を守《まも》るための武器《ぶき》）を売《う》る人《ひと》がいました。その人《ひと》は「わたしの矛《ほこ》はどんな盾《たて》でもつき通《とお》す」と言《い》って矛《ほこ》を売《う》り、一方《いっぽう》で「わたしの盾《たて》は、どんな矛《ほこ》でもつき通《とお》すことはできない」と言《い》って盾《たて》を売《う》っていました。そこである人《ひと》が「では、あなたの矛《ほこ》であなたの盾《たて》をついたらどうなるのか」とたずねたところ、その人《ひと》は返事《へんじ》ができませんでした。この故事《こじ》がもとになって、前後《ぜんご》で言《い》ったことが食《く》いちがうことを「矛盾《むじゅん》」というようになったのです。

似《に》た意味《いみ》のことば

撞着《どうちゃく》
前後《ぜんご》が食《く》いちがい、つじつまが合《あ》わないこと。

二律背反《にりつはいはん》
ふたつの考《かんが》えや判断《はんだん》がたがいに矛盾《むじゅん》していて、両方《りょうほう》を同時《どうじ》に生《い》かすことができないこと。

反対《はんたい》の意味《いみ》のことば

首尾一貫《しゅびいっかん》
初《はじ》めから終《お》わりまで、態度《たいど》や主張《しゅちょう》が同《おな》じでかわらないこと。

？クイズ！

盾《たて》の字《じ》が入《はい》った慣用句《かんようく》。何《なに》かにさからったり、反抗《はんこう》したりするという意味《いみ》だよ。□に入《はい》ることばは何《なに》？

盾《たて》を□□（ひらがなで）

答《こた》えは123ページ

わかるかな?

虫《むし》食《く》いクイズにちょうせん!

ヒントを参考《さんこう》にして、何《なん》の故事成語《こじせいご》か答《こた》えてね。

答《こた》えは124ページ

① 雨《あま》だれ□をうがつ

ヒント かたいものだよ

② 絵《え》に描《か》いた□

ヒント お正月《しょうがつ》によく食《た》べるのは?

③ 三十六計《さんじゅうろっけい》□るにしかず

ヒント こわいものに出会《であ》ったらどうする?

④ 空前《くうぜん》□

ヒント これまでになく、これからもありえない、という意味《いみ》だよ

あちゃ~これじゃ読《よ》めないね

5
足《た》りて□節《せつ》を知《し》る

ヒント
上《うえ》の穴《あな》に入《はい》ることばは、着《き》るものと食《た》べるもののことだよ

ヒント
王様《おうさま》が頭《あたま》にのせているものといえば?

6
李《り》下《か》に□を正《ただ》さず

ヒント
下《した》の穴《あな》には、ねるときに頭《あたま》をのせるものが入《はい》るよ

7
□にくちすすぎ流《なが》れに□す

ヒント
漁師《りょうし》のことだよ

8
□の利《り》

9
□はわざわいの□

ヒント
上《うえ》の穴《あな》には、おしゃべりに使《つか》う体《からだ》の一部《いちぶ》が入《はい》るよ

わかるかな？

虫《むし》食《く》いクイズ 上《じょう》級《きゅう》編《へん》

ヒントを参考《さんこう》にして、何《なん》の故事成語《こじせいご》か答《こた》えてね。

答《こた》えは124ページ

⑩ □翁《おう》が□

ヒント 下《した》の穴《あな》には動物《どうぶつ》が入《はい》るよ

⑪ □顧《こ》の□

ヒント 下《した》の穴《あな》にはおじぎのべつの言《い》い方《かた》が入《はい》るよ

⑫ □れば□を制《せい》す

ヒント 何《なに》ごともだれよりも早《はや》く行動《こうどう》するといいという意味《いみ》だよ

⑬ □の□大《たい》海《かい》を□ず

ヒント まん中《なか》の穴《あな》に入《はい》るのはぴょんぴょんはねる、緑色《みどりいろ》のいきものだよ

4

やってしまった！どきどきする故《こ》事《じ》成《せい》語《ご》

あぶない！　ピンチ！
どきどきはらはらする
ようなときにぴったりの
故《こ》事《じ》成《せい》語《ご》だよ。

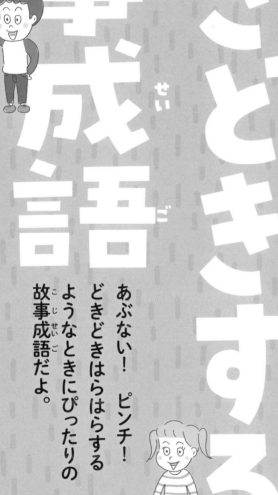

間《かん》髪《はつ》をいれず

意《い》味《み》

少《すこ》しの時《じ》間《かん》もおかないこと。また、事《じ》態《たい》がせまっていること。

使《つか》い方《かた》まんが となりはゆずらない！

じゃあほけん係《がかり》はアオイさんで決《き》まりね
はーい
もうひとりだれかいっしょに……
シュバ!!
はい！ ぼくがやります！
休《やす》み時間《じかん》
さっき間髪《かんはつ》をいれずに立《りっ》こうほしてたな～
当《あ》たり前《まえ》です！
アオイさんのとなりをだれがねらっているかわかりませんから！
ゴー
ぜったいにゆずりません!!
そ、そうか

友《とも》だちは、すきな子《こ》がほけん係《がかり》になったので、自分《じぶん》も間髪《かんはつ》をいれずに立《りっ》こうほしていた。でも、ほかにねらっている人《ひと》はいなかったと思《おも》う。

「きのう予習《よしゅう》した問題《もんだい》の答《こた》えを聞《き》かれたので、間髪《かんはつ》をいれずに答《こた》えた」など、すぐさま反応《はんのう》するようすを言《い》うときに使《つか》われます。

「間髪《かんはつ》をいれず」ということばは、もともと「間《あいだ》に髪《かみ》の毛《け》一本《いっぽん》をいれるほどのすき間《ま》もない」ということを意味《いみ》し、事態《じたい》がせまっていることを説明《せつめい》するときのたとえとして使《つか》われたことばでした。中国《ちゅうごく》の『説苑《ぜいえん》』という古《ふる》い書物《しょもつ》の中《なか》に出《で》てくる、「その出《い》ずると出《い》でざるとは、間《かん》に髪《はつ》をいれず」という表現《ひょうげん》がもとになったともいわれています。

一本《いっぽん》の髪《かみ》の毛《け》も入《はい》らないほど、きけんがすぐそこまできている、ということですね。そして、事態《じたい》がせまっているのなら、すぐに何《なん》らかの対応《たいおう》をしなければなりませんから、そこから、「少《すこ》しの時《じ》間《かん》もおかずに行動《こうどう》する」こともいうようになったのだと考《かんが》えられます。

なお、読《よ》み方《かた》は「かん」と「はつ」をはなして「かん、はつをいれず」と読《よ》むのが正解《せいかい》。「かんはつ」と続《つづ》けたり、「かんぱつ」と読《よ》んだりするのは、本来《ほんらい》あやまりです。

髪の字《じ》が出《で》てくることば

危機一髪《ききいっぱつ》

ひとつまちがえばたいへんなことになりそうな、とてもきけんな状態《じょうたい》。→4巻《かん》102ページ

間一髪《かんいっぱつ》

事態《じたい》がきわめてさしせまっているようす。

怒髪天《どはつてん》を衝《つ》く

はげしくおこっているようす。

こんなふうにも使《つか》えるね!

【郷土料理《きょうどりょうり》を調《しら》べて】

岩手県《いわてけん》の郷土料理《きょうどりょうり》であるわんこそばは、お客《きゃく》さんがおわんの中《なか》のそばを食《た》べ終《お》わると、**間髪《かんはつ》をいれず**に次《つぎ》のそばを入《い》れられるそうです。

クイズ!

間《じ》の字《はい》が入ったことわざ。こわい人《ひと》や遠慮《えんりょ》する人《ひと》がいないすきに、のびのびとくつろぐことだよ。□に入《はい》ることばは?

□□のいぬ間《ま》にせんたく(ひらがなで)

答《こた》えは123ページ

あれもこれも、信《しん》じられない……！

そんなときに言《い》いたい！

疑《ぎ》心《しん》暗《あん》鬼《き》を生《しょう》ず

意《い》味《み》

うたがう心《こころ》があると、何《なん》でもないことでもうたがわしく思《おも》えてくること。

使《つか》い方《かた》まんが 1 みんながねらっている…!?

次《つぎ》の児童会長《じどうかいちょう》はだれになるかわからないですね
ま、まさかじつはみんな児童会長《じどうかいちょう》の座《ざ》をねらっているのか⁉
アオイさんがツバサくんをしかるのは、リーダー力《りょく》を見《み》せるため⁉
カオルさんの不敵《ふてき》なえみは、れいせいさのアピール⁉
ヒヒヒ
ツバサくんのくだらないギャグは、人気《にんき》を集《あつ》めるため⁉
へへへ〜
疑心暗鬼《ぎしんあんき》を生《しょう》ずで、だれも信《しん》じられない〜！
そんなわけないじゃん

「次《つぎ》の児童会長《じどうかいちょう》はだれになるかわからない」という先生《せんせい》の会話《かいわ》を聞《き》き、じつはみんなが児童会長《じどうかいちょう》の座《ざ》をねらっているのではと、疑心暗鬼《ぎしんあんき》になってしまった。

使《つか》い方《かた》まんが 2 本当《ほんとう》にあまいの？

ツバサ、あまいかきがとれたから食《た》べる？
え～。そのかき、本当《ほんとう》にあまいの？
前《まえ》にばあちゃんがくれたかき、しぶがきだったんだよね～。だまそうとしてない？
それは疑心暗鬼《ぎしんあんき》を生《しょう》ずってやつよ。あまいから食《た》べてみな

おばあちゃんがかきをすすめてくれたが、前《まえ》にしぶがきをわたされたことがあったのでうたがうと、疑心暗鬼《ぎしんあんき》を生《しょう》ずだと言《い》われた。

中国《ちゅうごく》の古《ふる》い書物《しょもつ》『列子《れっし》』（→2ページ）の中《なか》の話《はなし》がもとになっています。おのをなくした男《おとこ》が、となりの家《いえ》の息子《むすこ》をうたがい出《だ》すと、その息子《むすこ》の全《すべ》てがあやしく感《かん》じられました。しかし、のちに自分《じぶん》がべつの場所《ばしょ》におきわすれたことを思《おも》い出《だ》すと、そのとたん、となりの息子《むすこ》をあやしむ気持《きも》ちはなくなったという話《はなし》です。「疑心暗鬼《ぎしんあんき》になる」のように「疑心暗鬼《ぎしんあんき》」だけで使《つか》うこともあります。

似《に》た意味《いみ》のことば

杯中《はいちゅう》の蛇影《だえい》
一度《いちど》うたがえば、つまらないことにもなやみ苦《くる》しむことのたとえ。

おにが出《で》てくることば

おにの目《め》にもなみだ
おにのようになさけ知《し》らずの人《ひと》でも、時《とき》にはやさしくなみだを流《なが》すこともある。

心《こころ》をおににする
かわいそうだと思《おも》いつつ、相手《あいて》のためにきびしい態度《たいど》をとる。

わたる世間《せけん》におにはない
世間《せけん》にはおにのようにつめたい人《ひと》だけではなく、親切《しんせつ》な人《ひと》もいるものだということ。

？クイズ！

おにが入《はい》ったことわざ。強《つよ》い者《もの》が何《なに》かを得《え》て、さらに強《つよ》くなるという意味《いみ》だよ。□に入《はい》る漢字《かんじ》は何《なに》？

おにに□棒《ぼう》

答《こた》えは123ページ

言《い》わなきゃよかった……

そんなときに言《い》いたい！

口《くち》はわざわいのもと

意《い》味《み》

うっかり言《い》ったことがさいなんをまねくもとになることがあるので、ことばはつつしむべきということ。

使《つか》い方《かた》まんが 1 意《い》外《がい》と…？

手作《てづく》りのカードをくれた友《とも》だちに「意外《いがい》とセンスがいい」とうっかり言《い》ってしまい、友《とも》だちのきげんをそこねてしまった。口《くち》はわざわいのもとだ。

使《つか》い方《かた》まんが ②　あとはまかせろ！

友《とも》だちの手伝《てつだ》いを名乗《なの》りでたら、思《おも》ったよりたいへんな仕事《しごと》だった。口《くち》はわざわいのもとというやつだ。

「口《くち》はわざわいのもと」は、昔《むかし》の中国《ちゅうごく》の馮道《ふうどう》という人《ひと》が書《か》いた「口《くち》は是《こ》れわざわいの門《もん》、舌《した》は是《こ》れ身《み》を斬《き》るの刀《かたな》なり」という詩《し》がもとになっています。これは、「口《くち》はわざわいをまねく門《もん》で、舌《した》は自分《じぶん》の身《み》を斬《き》る刀《かたな》となる」という意味《いみ》。つまり、口《くち》や舌《した》を使《つか》って発《はっ》することばが、自《じ》分《ぶん》を苦《くる》しめることになる、ということですね。うっかりよけいなことを言《い》わないよう、心《こころ》にとめておきたいことばです。

口の字《じ》が出《で》てくることば

良薬《りょうやく》は口《くち》に苦《にが》し
よいちゅうこくは聞《き》くのがつらいが、身《み》のためになるということ。↓1巻《かん》33ページ

口《くち》が軽《かる》い
おしゃべりで、言《い》ってはいけないことをかんたんにしゃべってしまう。↓3巻《かん》80ページ

異口同音《いくどうおん》
多《おお》くの人《ひと》が同《おな》じことを言《い》うこと。↓4巻《かん》50ページ

？クイズ！

口が入《はい》った慣用句《かんようく》。言《い》ってはならないことやよけいなことをついうっかり言《い》ってしまうという意味《いみ》だよ。□に入《はい》ることばは何《なに》？

口《くち》が□□る（ひらがなで）

答《こた》えは123ページ

おこらせてしまった！

そんなときに言《い》いたい！

逆《げき》鱗《りん》にふれる

意《い》味《み》

目上《めうえ》の人《ひと》のきげんをそこねて、はげしくおこられること。

使《つか》い方《かた》まんが　手《て》作《づく》りの洋《よう》服《ふく》

この洋服《ようふく》、手作《てづく》りしたんだ～
すご～！！
うわ～！　へんな服《ふく》！
まったくセンスが感《かん》じられないよな～
なにコレ
お母《かあ》さん落《お》ちついて！！
ピキッ
いいかげんにしなさいよ！
ヒッ！！
お母《かあ》さんの逆鱗《げきりん》にふれたね
アンタが悪《わる》い

お母《かあ》さんが手作《てづく》りした洋服《ようふく》を見《み》て、弟《おとうと》がダメ出《だ》しをした。それがお母さんの逆鱗《げきりん》にふれて、ひどくおこられていた。

「逆鱗《げきりん》にふれる」は、中国《ちゅうごく》の『韓非子《かんぴし》』（→2ページ）という古《ふる》い書物《しょもつ》の中《なか》の話《はなし》に由来《ゆらい》しています。中国《ちゅうごく》では昔《むかし》、竜《りゅう》のあごの下《した》には、ふれてはいけないさかさまにはえた鱗《うろこ》があるという伝説《でんせつ》がありました。この伝説《でんせつ》をふまえて、ある人《ひと》が「竜《りゅう》は、うまくいけばまたがって乗《の》りこなすこともできるが、手《て》をのばして、さかさまにはえた鱗《うろこ》にふれると、かならず竜《りゅう》に殺《ころ》されてしまう。同《おな》じように、君主《くんしゅ》にもそうしたふれてはいけない部分《ぶぶん》があるから、そこにふれずにうまくつき合《あ》っていけば、成《せい》功《こう》できる」と言《い》ったという話《はなし》です。

　このことから、げんざいでは、親《おや》や先生《せんせい》、先《せん》ぱいなど、目上《めうえ》の人《ひと》をおこらせることを表《あらわ》すことばとして「逆鱗《げきりん》にふれる」が使《つか》われるようになりました。目上《めうえ》の人《ひと》とせっするときは、不用意《ふようい》なことばはひかえるべき、という教訓《きょうくん》になることばですね。友《とも》だちに対《たい》しては使《つか》わないので、気《き》をつけましょう。ちなみに中国《ちゅうごく》では、竜《りゅう》には八十一枚《はちじゅういちまい》の鱗《うろこ》があり、そのうちの一枚《いちまい》がさかさまにはえていると考《かんが》えられていたそうです。

いかりにまつわることば

堪忍袋《かんにんぶくろ》の緒《お》が切《き》れる

がまんの限界《げんかい》に達《たっ》して、いかりが爆発《ばくはつ》する。

怒髪天《どはつてん》を衝《つ》く

はげしくおこっているようす。

仏《ほとけ》の顔《かお》も三度《さんど》

どんなにやさしい人《ひと》でも、失礼《しつれい》なことを何度《なんど》もすればおこりだすということ。

こんなふうにも使《つか》えるね！

【友《とも》だちをたしなめるときに】

宿題《しゅくだい》をわすれたのに開《ひら》き直《なお》ってわらっていたら、先生《せんせい》の**逆鱗《げきりん》にふれて**しまうよ。

？クイズ！

鱗《うろこ》が入《はい》ったことわざ。何《なに》かのきっかけで、急《きゅう》にものごとがよく理《り》解《かい》できるようになることのたとえだよ。□に入《はい》る漢字《かんじ》一文字《ひともじ》は？

□から鱗《うろこ》が落《お》ちる

答《こた》えは123ページ

味方《みかた》がいなくなっちゃった！

そんなときに言《い》いたい！

四《し》面《めん》楚《そ》歌《か》

意《い》味《み》

まわりが敵《てき》ばかりで助《たす》けがないようす。

使《つか》い方《かた》まんが　まわりは敵《てき》だらけ

友《とも》だちが教室《きょうしつ》にかざる花《はな》になやんでいたので、どっちでもいいと答《こた》えた。すると、みんなの反感《はんかん》を買《か》ってしまい、四面楚歌《しめんそか》になってしまった。

学級会《がっきゅうかい》での話《はな》し合《あ》いで、自分《じぶん》の意見《いけん》にだれもさんせいしてくれず、ひとりの味方《みかた》もいない。自分《じぶん》の行《おこな》いのせいでみんなを敵《てき》に回《まわ》してしまった。そんなときに言《い》いたくなることばが「四面楚歌《しめんそか》」です。

「四面楚歌《しめんそか》」は、『史記《しき》』（↓2ページ）という中国《ちゅうごく》の古《ふる》い歴史書《れきししょ》にかかれた出来事《できごと》がもとになっています。昔《むかし》、楚《そ》という国《くに》と漢《かん》という国《くに》が戦争《せんそう》をして、楚《そ》の軍《ぐん》は漢《かん》の軍《ぐん》に取《と》りかこまれてしまいました。夜《よる》になると、周囲《しゅうい》（四面《しめん》）の漢軍《かんぐん》から、楚《そ》の国《くに》の歌《うた》（楚歌《そか》）が聞《き》こえてきます。これを聞《き》いた楚《そ》の将軍《しょうぐん》の項羽《こうう》は、楚《そ》の国《くに》の人々《ひとびと》がこうさんして漢《かん》に寝返《ねがえ》ってしまったのだと思《おも》いこみ、たたかう気力《きりょく》をうしなってしまったという話《はなし》です。しかし、じつはこれは、項羽《こうう》をあきらめさせるための作戦《さくせん》で、本当《ほんとう》は漢《かん》の兵《へい》たちが歌《うた》っていたそうです。

この故事《こじ》がもとになって、まわりが敵《てき》や反対《はんたい》する人《ひと》ばかりで、助《たす》けがないことを「四面楚歌《しめんそか》」というようになりました。

似《に》た意味《いみ》のことば

孤軍奮闘《こぐんふんとう》

味方《みかた》や助《たす》けがないなかで、ひとりでけん命《めい》にたたかうこと。

孤立無援《こりつむえん》

たよるものがなく、ひとりぼっちで助《たす》けのないようす。

八方《はっぽう》ふさがり

どの方向《ほうこう》でもうまくいかず、手《て》の打《う》ちようがないさま。

こんなふうにも使《つか》えるね！

【勇気《ゆうき》を出《だ》した友《とも》だちに】

学級会《がっきゅうかい》の話《はな》し合《あ》いのとき、あなたは**四面楚歌《しめんそか》**になるのをかくごで自分《じぶん》の意見《いけん》を言《い》っていて、すごくかっこよかったよ！

？クイズ！

反対《はんたい》の意味《いみ》の四字熟語《よじじゅくご》「一致《いっち》□□」。多《おお》くの人《ひと》が、心《こころ》をひとつにして協力《きょうりょく》するという意味《いみ》だよ。□に入《はい》るのはどちら？

A《エイ》　団結《だんけつ》

B《ビー》　合同《ごうどう》

答《こた》えは123ページ

うたがわれても仕方《しかた》ない！

そんなときに言《い》いたい！

李《り》下《か》に冠《かんむり》を正《ただ》さず

意《い》味《み》

うたがわれるような行動《こうどう》はしないほうがいいということ。

使《つか》い方《かた》まんが　あこがれの自転車《じてんしゃ》

うわ～！　この自転車《じてんしゃ》、ほしかったやつだ！
ジロ　ジロ　ジロ
やっぱりかっこいいな～。どんな人《ひと》が乗《の》ってるんだろ～
少《すこ》し手《て》ざわりをかくにん…
そ～っと
ダメ!!
李下《りか》に冠《かんむり》を正《ただ》さずっていうでしょ！

道《みち》ばたであこがれの自転車《じてんしゃ》を見《み》かけた兄《あに》が、思《おも》わず自転車《じてんしゃ》にふれようとしていた。李下《りか》に冠《かんむり》を正《ただ》さずと言《い》うし、あわてて止《と》めに入《はい》った。

このことばは、中国《ちゅうごく》の『古楽府《こがふ》』（漢《かん》の時代《じだい》のうたや詩《し》を集《あつ》めたもの）の中《なか》に出《で》てくる「君子《くんし》は未然《みぜん》に防《ふせ》ぎ、嫌疑《けんぎ》の間《かん》に処《お》らず。瓜田《かでん》に履《くつ》を納《い》れず、李下《りか》に冠《かんむり》を正《ただ》さず」ということばに由来《ゆらい》します。これは、立派《りっぱ》な人《ひと》はうたがわれるような行動《こうどう》はせず、そうなる前《まえ》に予防《よぼう》するという意味《いみ》です。「瓜田《かでん》に履《くつ》を納《い》れず」とは、うり（瓜《うり》）畑《ばたけ》では、くつをはき直《なお》さないということ。うり畑《ばたけ》でしゃがんでくつをはき直《なお》すすがたは、うりをぬすもうとしているように見《み》えるからです。また、「李《り》」はすもものことです。「李下《りか》に冠《かんむり》を正《ただ》さず」は、すももの木《き》の下《した》では、冠《かんむり》を直《なお》さないという意味《いみ》です。すももの木《き》の下《した》で冠《かんむり》を直《なお》す仕草《しぐさ》は、頭上《ずじょう》のすももの実《み》をとろうとしているように見《み》えてしまうためです。このことから、人《ひと》から少《すこ》しでもうたがわれるような行動《こうどう》は、最初《さいしょ》からつつしむべきという、いましめのことばとして使《つか》われるようになりました。「瓜田《かでん》に履《くつ》を納《い》れず、李下《りか》に冠《かんむり》を正《ただ》さず」とつづけて言《い》うことや、たんに「李下《りか》の冠《かんむり》」ということもあります。

冠の字《じ》が出《で》てくることば

冠《かんむり》を曲《ま》げる

ふきげんになることのたとえ。

鶏冠《とさか》に来《く》る

思《おも》うようにならなかったり、他人《たにん》にはらを立《た》てたりして、かっとなる。

無冠《むかん》の帝王《ていおう》

地位《ちい》やかた書《が》きは持《も》っていないが、実力《じつりょく》が一番《いちばん》ある人《ひと》のこと。

こんなふうにも使《つか》えるね！

【テスト前《まえ》の注意《ちゅうい》に】

テスト中《ちゅう》は用《よう》もなくキョロキョロしないほうがいいよ。**李下《りか》に冠《かんむり》を正《ただ》さず**っていうからね。

クイズ！

うり（瓜《うり》）が出《で》てくる慣用句《かんようく》。顔《かお》やすがたがとてもよく似《に》ているという意味《いみ》だよ。正《ただ》しいのはどちら？

A《エイ》 うりひとつ

B《ビー》 うりふたつ

答《こた》えは123ページ

アクティビティ

故事成語《こじせいご》ジェスチャーゲーム

故事成語《こじせいご》を使《つか》ったゲームだよ。みんなでやってみよう！

どんなゲーム？

カードに書《か》かれたお題《だい》の故事成語《こじせいご》をジェスチャーで表現《ひょうげん》して、当《あ》てるゲームだよ。

● 人数《にんずう》　三人以上《さんにんいじょう》
● かかる時間《じかん》　十五分《じゅうごふん》くらい
● 必要《ひつよう》なもの
・小《ちい》さめの紙《かみ》　・筆記用具《ひっきようぐ》
・お題《だい》を入《い》れる箱《はこ》など

ゲームのやり方《かた》

1 三人以上《さんにんいじょう》のグループで遊《あそ》びます。

2 お題《だい》にする故事成語《こじせいご》を紙《かみ》に書《か》いて、箱《はこ》に入《い》れておきましょう。お題《だい》はいくつあってもOK《オーケー》です。由来《ゆらい》となった出来事《できごと》や状況《じょうきょう》が、体《からだ》で表現《ひょうげん》しやすい故事成語《こじせいご》がよいでしょう。

3 出題者《しゅつだいしゃ》（ジェスチャーをする人《ひと》）を一名《いちめい》決《き》めます。のこりは回答者《かいとうしゃ》（答《こた》える人《ひと》）です。出題者《しゅつだいしゃ》は、箱《はこ》から一枚《いちまい》紙《かみ》を引《ひ》き、お題《だい》を決《き》めます。

4 スタートの合図《あいず》で、出題者《しゅつだいしゃ》がお題《だい》の故事成語《こじせいご》をジェスチャーで表現《ひょうげん》します。回答者《かいとうしゃ》は、それが何《なん》の故事成語《こじせいご》かがわかったら答《こた》えましょう。早《はや》く答《こた》えられた人《ひと》が勝《か》ちです。

ゲームに使《つか》う故事成語《こじせいご》の例《れい》

【いきものや食《た》べものを表現《ひょうげん》しよう】

・烏合《うごう》の衆《しゅう》
・絵《え》に描《か》いたもち
・鶏群《けいぐん》の一鶴《いっかく》
・虎穴《こけつ》に入《い》らずんば虎子《こじ》を得《え》ず
・水魚《すいぎょ》の交《まじ》わり
・虎《とら》の威《い》を借《か》る狐《きつね》

【道具《どうぐ》や自然《しぜん》を表現《ひょうげん》しよう】

・青天《せいてん》のへきれき
・矛盾《むじゅん》
・李下《りか》に冠《かんむり》を正《ただ》さず

【行動《こうどう》を表現《ひょうげん》しよう】

・四面楚歌《しめんそか》
・背水《はいすい》の陣《じん》

「烏合《うごう》の衆《しゅう》」なら、からすがたくさん集《あつ》まっているようすを表現《ひょうげん》するといいかな！
「矛盾《むじゅん》」は、矛《ほこ》で盾《たて》をつこうとするところでどうでしょう！
「背水《はいすい》の陣《じん》」は、自分《じぶん》の後《うし》ろに川《かわ》があるようすとか？

ゲームのルール

・ジェスチャーは、身《み》ぶり手《て》ぶりなど、体《からだ》や顔《かお》の表情《ひょうじょう》だけで表現《ひょうげん》しましょう。声《こえ》を出《だ》したり、ものを使《つか》ったりしてはいけません。
・出題者《しゅつだいしゃ》も回答者《かいとうしゃ》も、わからないときはパスできます。
・出題者《しゅつだいしゃ》は一問《いちもん》ごとにこうたいしても、同《おな》じ人《ひと》がつづけてもかまいません。
・ゲームの勝敗《しょうはい》を決《き》めるために、正解《せいかい》した数《かず》をおぼえておきましょう。

もっと楽《たの》しく！

● グループ対抗戦《たいこうせん》もできます。せいげん時間《じかん》を決《き》めてそれぞれゲームを行《おこな》い、より多《おお》く正解《せいかい》できたほうのグループが勝《か》ちです。
● グループ対抗戦《たいこうせん》のときは、お題《だい》は箱《はこ》に入《い》れるのではなく、出題者《しゅつだいしゃ》と相手《あいて》チームにお題《だい》が見《み》えるよう、スケッチブックなどに大《おお》きく書《か》いて、相手《あいて》チームの人《ひと》がお題《だい》をめくる係《かかり》をするのもおすすめです。

かってに！

故事《こ》事《じ》成《せい》語《ご》ランキング

ヒカルとアオイが、かってに故事成語《こじせいご》をランキング！さっそくけっかを見《み》てみよう。

リーダーになりたいヒカルが選《えら》んだ 肝《きも》にめいじたい故事成語《こじせいご》ベスト3

1 口《くち》はわざわいのもと

82ページ

言《い》わなくてもいいことまで言《い》ってしまうことがあるんですよね。総理大臣《そうりだいじん》になったときに失言《しつげん》しないよう、今《いま》から気《き》をつけないと……！

2 覆水盆《ふくすいぼん》に返《かえ》らず

70ページ

3 疑心暗鬼《ぎしんあんき》を生《しょう》ず

80ページ

女優《じょゆう》をめざすアオイが選《えら》んだ 座右《ざゆう》のめいにしたい故事成語《こじせいご》ベスト3

1 虎穴《こけつ》に入《い》らずんば虎子《こじ》を得《え》ず

106ページ

オーディションのときは、しっぱいをこわがって思《おも》いきり自分《じぶん》をアピールできないときもあるけど、やってみなくちゃ始《はじ》まらないよね！

2 雨《あま》だれ石《いし》をうがつ

10ページ

3 井《い》の中《なか》の蛙《かわず》大海《たいかい》を知《し》らず

94ページ

動《どう》物《ぶつ》も虫《むし》も伝《でん》説《せつ》のいきものも!?

5 いきものの故《こ》事《じ》成《せい》語《ご》

いきものが出《で》てくる、
おもしろい故《こ》事《じ》成《せい》語《ご》も
たくさんあるよ。

こんな世界《せかい》があったのか!

そんなときに言《い》いたい!

井《い》の中《なか》の蛙《かわず》大《たい》海《かい》を知《し》らず

意《い》味《み》

自分《じぶん》のせまい知識《ちしき》や考《かんが》えがすべてだと思《おも》い、他《ほか》に広《ひろ》い世界《せかい》があることを知《し》らないことのたとえ。

使《つか》い方《かた》まんが 1 自分《じぶん》の実力《じつりょく》

ババーーン
小学校《しょうがっこう》では
せいせき
トップのぼく
すご～～い!!
100
自信満々《じしんまんまん》で
全国《ぜんこく》テストに
のぞんだら…
え! ぼくより
頭《あたま》のいい子《こ》が
こんなに!?
めざせ
全国一位
自分《じぶん》の実力《じつりょく》をちゃんと
知《し》れてよかった!
井《い》の中《なか》の蛙大海《かわずたいかい》を
知《し》らずというやつだな

ぼくは小学校《しょうがっこう》ではせいせきトップなので勉強《べんきょう》には自《じ》信《しん》があったが、全国《ぜんこく》テストではひくいじゅんいだった。井《い》の中《なか》の蛙大海《かわずたいかい》を知《し》らずとはこのことだ。

使《つか》い方《かた》まんが 2 世界《せかい》は広《ひろ》いよ

わたしの家族《かぞく》は、わたしほどえんぎのうまい小学生《しょうがくせい》はいないと言《い》う。そのことを友《とも》だちに話《はな》したら、それは井《い》の中《なか》の蛙《かわず》大海《たいかい》を知《し》らずだと言《い》われた。

自分《じぶん》のまわりのせまい世界《せかい》で一番《いちばん》になったからと、うぬぼれているような人《ひと》のことをさすこのことばは、中国《ちゅうごく》の『荘《そう》子《じ》』（→2ページ）という書物《しょもつ》の中《なか》の話《はなし》がもとになっています。「蛙《かわず》」とは、かえるのことです。川《かわ》の神様《かみさま》が初《はじ》めて海《うみ》に行《い》き、その広《ひろ》さにおどろきました。それに対《たい》して海《うみ》の神様《かみさま》が「井戸《いど》の中《なか》の蛙《かわず》には海《うみ》のことを話《はな》してもわからない」と言《い》ったという話《はなし》からうまれたことばです。

かえるが出《で》てくることば

かえるの子《こ》はかえる
子《こ》どもの性格《せいかく》や能力《のうりょく》は親《おや》に似《に》るものだということ。

かえるの面《つら》に水《みず》
どんな目《め》にあっても動《どう》じないこと。注意《ちゅうい》されてもしかられても平気《へいき》なこと。

蛇《へび》ににらまれたかえる
おそろしいものや苦手《にがて》なものの前《まえ》で、身《み》がすくんで動《うご》けなくなること。

?クイズ！

大海《たいかい》が出《で》てくることわざ。できるはずのない、ふかのうなことをしようとすることのたとえだよ。□に入《はい》る体《からだ》の一部《いちぶ》は？

大海《たいかい》を□でふさぐ（漢字《かんじ》で）

答《こた》えは123ページ

こんなにいても意味《いみ》ないよ！

そんなときに言《い》いたい！

烏《う》合《ごう》の衆《しゅう》

意《い》味《み》

ルールやまとまりがなく、ただ数《かず》が多《おお》い集団《しゅうだん》のこと。

使《つか》い方《かた》まんが 1 人《ひと》はふえたけど…

卒業式《そつぎょうしき》のかざりのじゅんびで人手《ひとで》が足《た》りず、友《とも》だちが人《ひと》を集《あつ》めてくれた。しかし、しょせんはよせ集《あつ》めの烏合《うごう》の衆《しゅう》で、かえって仕事《しごと》がふえてしまった。

使《つか》い方《かた》まんが 2 チームワーク

お、最近《さいきん》このチーム強《つよ》くなってきたな〜
そうなんだ
前《まえ》は烏合《うごう》の衆《しゅう》って感《かん》じだったけど、チームワークがよくなってきたんだ

前《まえ》は烏合《うごう》の衆《しゅう》でしかなかったサッカーチームが、どんどんチームワークがよくなって、強《つよ》いチームになっていた。

「烏《う》」は、からすのことです。ただ集《あつ》まってさわいでいるだけの、からすのように見《み》えることから、まとまりのない人々《ひとびと》をからすのむれにたとえたことばです。

昔《むかし》、中国《ちゅうごく》の将軍《しょうぐん》が敵《てき》の軍隊《ぐんたい》にせめ入《い》るときに「あの烏合《うごう》の衆《しゅう》にすぎない軍隊《ぐんたい》をたおすことは、かれた木《き》をくだくくらいにかんたんだ」と言《い》ったという、中国《ちゅうごく》の歴史書《れきししょ》『後漢書《ごかんじょ》』（→2ページ）の中《なか》に出《で》てくる話《はなし》に由来《ゆらい》します。

からすが出《で》てくることば

今《いま》ないたからすがもうわらう
少《すこ》し前《まえ》までないていたのにすぐにわらうなど、子《こ》どものきげんがかわりやすいこと。

からすの行水《ぎょうずい》
入浴時間《にゅうよくじかん》が短《みじか》いことのたとえ。

鵜《う》のまねをするからす
自分《じぶん》の能力《のうりょく》をよく考《かんが》えずに人《ひと》のまねをすると、かならずしっぱいするということ。

似《に》た者《もの》はからす
よく似《に》ているさまのたとえ。

クイズ！

似《に》た意味《いみ》の四字熟語《よじじゅくご》「有《う》□無《む》□」。どこにでもいるつまらない人《ひと》たちという意味《いみ》のことばだよ。□に共通《きょうつう》して入《はい》る漢字《かんじ》はどちら？

A《エイ》　衆《しゅう》

B《ビー》　象《ぞう》

答《こた》えは123ページ

「烏《からす》」の漢字《かんじ》を「鳥《とり》」と書《か》かないように気《き》をつけてね！

これがなくちゃかんせいしない!

そんなときに言《い》いたい!

画《が》竜《りょう》点《てん》睛《せい》

意《い》味《み》

ものごとを完全《かんぜん》なものにするための最後《さいご》の仕上《しあ》げのこと。

使《つか》い方《かた》まんが　チャームポイント

図工《ずこう》の宿題《しゅくだい》で公園《こうえん》にいた犬《いぬ》の絵《え》を描《か》かせてもらった。しかし、一番大事《いちばんだいじ》なとくちょうを描《か》きわすれ、画竜点睛《がりょうてんせい》を欠《か》いてしまった。

作品《さくひん》を作《つく》るときなどにおいて、絶対《ぜったい》にひつような最後《さいご》の仕上《しあ》げのことを「画竜点睛《がりょうてんせい》」といいます。
このことばは、中国《ちゅうごく》の『歴代名画記《れきだいめいがき》』という美術史《びじゅつし》をまとめた書物《しょもつ》の中《なか》にある、張僧繇《ちょうそうよう》という画家《がか》の話《はなし》に由来《ゆらい》します。張僧繇《ちょうそうよう》はお寺《てら》にかざる四《よん》ひきの竜《りゅう》を描《か》きましたが、「ひとみを描《か》いたら竜《りゅう》は天《てん》にのぼる」と言《い》って、ひとみを描《か》こうとしませんでした。しかし、人々《ひとびと》がそれはうそだと言《い》うので、二《に》ひきにだけひとみを描《か》き入《い》れました。すると、その二《に》ひきは本当《ほんとう》に天《てん》にのぼっていってしまいました。このエピソードから、「画竜点睛《がりょうてんせい》」が、ものごとをかんせいさせるためにひつような最後《さいご》の仕上《しあ》げという意味《いみ》で使《つか》われるようになったのです。「睛《せい》」は「ひとみ」という意味《いみ》の漢字《かんじ》です。
さらには最後《さいご》の仕上《しあ》げともいうべき大事《だいじ》な点《てん》が欠《か》けていて、ものごとの価値《かち》をそこねているようすについて「画竜点睛《がりょうてんせい》を欠《か》く」という使《つか》い方《かた》もされるようになりました。

竜の字《じ》が出《で》てくることば

登竜門《とうりゅうもん》
→112ページ

竜頭蛇尾《りゅうとうだび》
→117ページ

虎口《ここう》を逃《のが》れて竜穴《りゅうけつ》に入《い》る
困難《こんなん》をのりこえたらまた他《ほか》の困難《こんなん》にあうように、次々《つぎつぎ》とさいなんにあうことのたとえ。

画《が》の字《じ》が出《で》てくることば

自画自賛《じがじさん》
自分《じぶん》の行動《こうどう》や作品《さくひん》を自《みずか》らほめること。
→4巻《かん》28ページ

「がりょう」を「がりゅう」と読《よ》まないように注意《ちゅうい》してね！

クイズ！
「画竜点睛《がりょうてんせい》を欠《か》く」の似《に》たことば「仏作《ほとけつく》って□入《い》れず」。ものごとの一番大切《いちばんたいせつ》な部分《ぶぶん》が欠《か》けていることのたとえだよ。□に入《はい》るのはどれ？

A《エイ》 魂《たましい》
B《ビー》 愛《あい》

答《こた》えは123ページ

そんなことをしても意味《いみ》ないよ

そんなときに言《い》いたい！

木《き》によって魚《うお》を求《もと》む

意味《いみ》

①手段《しゅだん》や方法《ほうほう》をまちがえると、目的《もくてき》を達成《たっせい》できない。

②かないそうもないのぞみを持《も》つ。

使《つか》い方《かた》まんが 1 速《はや》く走《はし》る練習《れんしゅう》

運動会《うんどうかい》のリレーで勝《か》つために、みんなで練習《れんしゅう》するぞ！
どんな練習《れんしゅう》するの？
まずは足《あし》を速《はや》くするためにチーターの動画《どうが》を見《み》る！
なるほど！
こうやって走《はし》ればいいんだ
…ってわたしたち、二足歩行《にそくほこう》じゃん
これは木《き》によって魚《うお》を求《もと》むだったな

運動会《うんどうかい》のリレーの練習中《れんしゅうちゅう》、速《はや》く走《はし》るためにチーターの動画《どうが》を見《み》て研究《けんきゅう》をした。しかしわたしたちは二足《にそく》歩行《ほこう》なので、これでは木《き》によって魚《うお》を求《もと》むだ。

使《つか》い方《かた》まんが 2 まずはここから

ペロに何《なに》か芸《げい》を教《おし》えようと思《おも》って
へ〜練習《れんしゅう》してるのか？
まずはことばを理解《りかい》してもらうために、五十音《ごじゅうおん》を教《おし》えているんだ
あ、い、う、え、お…
？
それは木《き》によって魚《うお》を求《もと》むだな…

かい犬《いぬ》に芸《げい》をおぼえさせるために、まずは五十音《ごじゅうおん》を理解《りかい》してもらうところから始《はじ》めてみた。兄《あに》から「それは木《き》によって魚《うお》を求《もと》むだ」と言《い》われた。

このことばは、中国《ちゅうごく》の孟子《もうし》という人《ひと》の思想《しそう》をまとめた古《ふる》い書物《しょもつ》『孟子《もうし》』（→2ページ）の中《なか》の話《はなし》がもとになっています。あるとき孟子《もうし》が、斉《せい》という国《くに》の王《おう》に会《あ》いました。他《ほか》の国《くに》をしたがわせて、中国全《ちゅうごくぜん》体《たい》の王《おう》になりたいと言《い》う王《おう》に対《たい》し、孟子《もうし》は「戦《いくさ》でそれをかなえようとするのは、木《き》によって魚《うお》を求《もと》む（木《き》によじ登《のぼ》って魚《さかな》をとろうとする）ようなものです」とまちがいを指摘《してき》した、という話《はなし》です。木《き》に登《のぼ》っても当然《とうぜん》、魚《さかな》はとれませんよね。つまり、「そのやり方《かた》はまちがっている」ということを伝《つた》えようとしたわけです。この故事《こじ》がもとになって、方法《ほうほう》をまちがえると何《なに》も得《え》られない、さらには、かないそうにないことのたとえとして使《つか》われるようになりました。

魚の字《じ》が出《で》てくることば

水魚《すいぎょ》の交《まじ》わり
→109ページ

金魚《きんぎょ》のふん
ひとりの人間《にんげん》のあとにたくさんの人《ひと》がついて回《まわ》っているようすのたとえ。

水清《みずきよ》ければ魚《うお》棲《す》まず
→116ページ

水《みず》を得《え》た魚《うお》
とくい分野《ぶんや》で、活躍《かつやく》するようす。

？クイズ！

似《に》た意味《いみ》のことわざ「□にはまぐり」。見当《けんとう》ちがいな行動《こうどう》をしているという意味《いみ》だよ。□に入《はい》るのはどれ？

A《エイ》 空《そら》
B《ビー》 山《やま》
C《シー》 畑《はたけ》

答《こた》えは123ページ

そんなときに言《い》いたい！

鶏《けい》口《こう》となるも牛《ぎゅう》後《ご》となるなかれ

意《い》味《み》

大《おお》きな団《だん》体《たい》の中《なか》で下《した》っぱになるよりも、小《ちい》さな団《だん》体《たい》で一《いち》番《ばん》になるほうがいい。

使《つか》い方《かた》まんが 1 ちがう場《ば》所《しょ》でかがやく！

運動会《うんどうかい》のおうえん団《だん》で団長《だんちょう》になるのはむりそうだな〜
ぼくが団長《だんちょう》をやります！
パチ
パチ
パチ
パチ
じゃあツバサくん、おうえん団《だん》じゃなくてしんぱん係《がかり》のリーダーにならない？
なるほど…
鶏口《けいこう》となるも牛後《ぎゅうご》となるなかれって言《い》うもんな！
しんぱん係《がかり》のリーダーとして、運動会《うんどうかい》で活躍《かつやく》してみせるぞ！
よっ！リーダー！

運動会《うんどうかい》のおうえん団《だん》では団長《だんちょう》になれそうにないので、鶏口《けいこう》となるも牛後《ぎゅうご》となるなかれだと思《おも》い、しんぱん係《がかり》のリーダーとしてがんばることにした。

使い方まんが 2 グループのセンター

前《まえ》は大人数《おおにんずう》の人気《にんき》グループで後列《こうれつ》にいた子《こ》が、小《ちい》さなグループにうつり、センターになっていた。鶏口《けいこう》となるも牛後《ぎゅうご》となるなかれだなと思《おも》った。

「鶏口《けいこう》」は、にわとりのくちばしのことで、「牛後《ぎゅうご》」は牛《うし》のしっぽを意味《いみ》します。これにたとえて、「大《おお》きな組織《そしき》のしっぽ（下《した》っぱ）になるより、小《ちい》さくても頭《かしら》（リーダー）になれ」と、独立心《どくりつしん》の大切《たいせつ》さをとくことばです。

このことばは、中国《ちゅうごく》の歴史書《れきししょ》『史記《しき》』（→2ページ）の中《なか》の話《はなし》に由来《ゆらい》します。昔《むかし》、中国《ちゅうごく》の秦《しん》という大国《たいこく》が、六《むっ》つの国《くに》（韓《かん》・魏《ぎ》・趙《ちょう》・燕《えん》・楚《そ》・斉《せい》）を武力《ぶりょく》でおどして、領地《りょうち》を差《さ》し出《だ》すように言《い》いました。そこで蘇秦《そしん》という人《ひと》は、六国《ろっこく》が同盟《どうめい》をむすんで秦《しん》とたたかうべきだとのべます。いやがる韓《かん》の王《おう》に蘇秦《そしん》は「大国《たいこく》である秦《しん》に支配《しはい》されるよりも、小《ちい》さくても独《どく》立《りつ》した国《くに》であるべきだ」と言《い》ってせっとくした、という話《はなし》です。

似《に》た意味《いみ》のことば

たいの尾《お》よりいわしの頭《かしら》

大《おお》きな団体《だんたい》でだれかの後《うし》ろにつくよりも、小《ちい》さな団体《だんたい》の先《せん》頭《とう》で活《かつ》やくするほうがよい。

反対《はんたい》の意味《いみ》のことば

長《なが》いものにはまかれろ

自分《じぶん》より力《ちから》の強《つよ》いものにはしたがっておいたほうがよいということ。

寄《よ》らば大樹《たいじゅ》のかげ

たよるならば、勢力《せいりょく》のあるほうがいい。

？クイズ！

牛《うし》の字《じ》が入《はい》った慣用句《かんようく》「牛《うし》の□□」。ものごとの進《すす》み方《かた》がおそいことのたとえだよ。□に入《はい》るのはどれ？

A《エイ》 眠《ねむ》り
B《ビー》 歩《あゆ》み
C《シー》 食事《しょくじ》

答《こた》えは123ページ

がんばって勉強《べんきょう》したかいがあった

そんなときに言《い》いたい！

蛍《けい》雪《せつ》の功《こう》

意《い》味《み》

苦労《くろう》を重《かさ》ねて勉学《べんがく》にはげんだせいか。

使《つか》い方《かた》まんが　おばあちゃんの若《わか》いころ

ぼくのおばあちゃんは若《わか》いころまずしくて、内職《ないしょく》をしながら勉強《べんきょう》にはげんだらしい。そのけっか、大学《だいがく》に進学《しんがく》できたそうで、蛍雪《けいせつ》の功《こう》だなと思《おも》った。

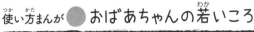

世《よ》の中《なか》には、家庭《かてい》の事情《じじょう》などで、勉強《べんきょう》をしたくてもできない人《ひと》も少《すく》なくありません。それでも勉《べん》学《がく》にはげみ、苦労《くろう》のすえ、成功《せいこう》をつかんだ人《ひと》に対《たい》して使《つか》われるのが「蛍雪《けいせつ》の功《こう》」です。

このことばは、『晋書《しんじょ》』（↓2ページ）という中《ちゅう》国《ごく》の歴史書《れきししょ》にある、まずしいふたりの若者《わかもの》についての話《はなし》に由来《ゆらい》します。

晋《しん》の国《くに》の車胤《しゃいん》という人《ひと》は、若《わか》いころお金《かね》がなくて、あかりをともす油《あぶら》が買《か》えませんでした。そこで、夏《なつ》の夜《よる》にはホタルを集《あつ》めて、その光《ひかり》で勉強《べんきょう》しました。孫康《そんこう》という人《ひと》も、やはり若《わか》いころはまずしくて油《あぶら》を買《か》えなかったので、冬《ふゆ》の夜《よる》には雪明《ゆきあ》かりで勉強《べんきょう》しました。ふたりはその後《ご》、どちらも高《たか》い地位《ちい》の役人《やくにん》になりました。この話《はなし》がもとになり、苦労《くろう》して学問《がくもん》にはげんだせいかのことを「蛍雪《けいせつ》の功《こう》」というようになったのです。

学校《がっこう》の卒業式《そつぎょうしき》で歌《うた》われる「蛍《ほたる》の光《ひかり》」の最初《さいしょ》の歌《か》詞《し》は、この故事《こじ》をふまえたもので、学校《がっこう》で苦労《くろう》して勉学《べんがく》にはげんだ日々《ひび》をふり返《かえ》りつつ、仲間《なかま》とのわかれの日《ひ》をむかえた思《おも》いを歌《うた》っています。

雪《ゆき》が出《で》てくることば

雪《ゆき》と墨《すみ》
ものごとが正反対《せいはんたい》であること。

雪《ゆき》の上《うえ》に霜《しも》
十分《じゅうぶん》にあるものにさらに同《おな》じようなものをくわえること。

功の字《じ》が出《で》てくることば

けがの功名《こうみょう》
しっぱいやあやまち、何気《なにげ》なくしたことがよいけっかになること。↓1巻《かん》66ページ

こんなふうにも使《つか》えるね！

【目標《もくひょう》を発表《はっぴょう》するときに】
総理大臣《そうりだいじん》になるという困《こん》難《なん》な目標《もくひょう》も、**蛍雪《けいせつ》の功《こう》**をつむことで、かなえたいです！

？クイズ！

功《こう》が入《はい》ったことわざ。年長者《ねんちょうしゃ》のけいけんは貴重《きちょう》なので尊重《そんちょう》すべきという意味《いみ》だよ。□に入《はい》るいきものは何《なに》？

□□の甲《こう》より年《とし》の功《こう》（ひらがなで）

答《こた》えは124ページ

そんなときに言《い》いたい！

虎穴《こけつ》に入《い》らずんば虎子《こじ》を得《え》ず

意《い》味《み》

きけんをおかさなければ大《おお》きな成功《せいこう》は得《え》られない。

使《つか》い方《かた》まんが 1 弱気《よわき》はダメ！

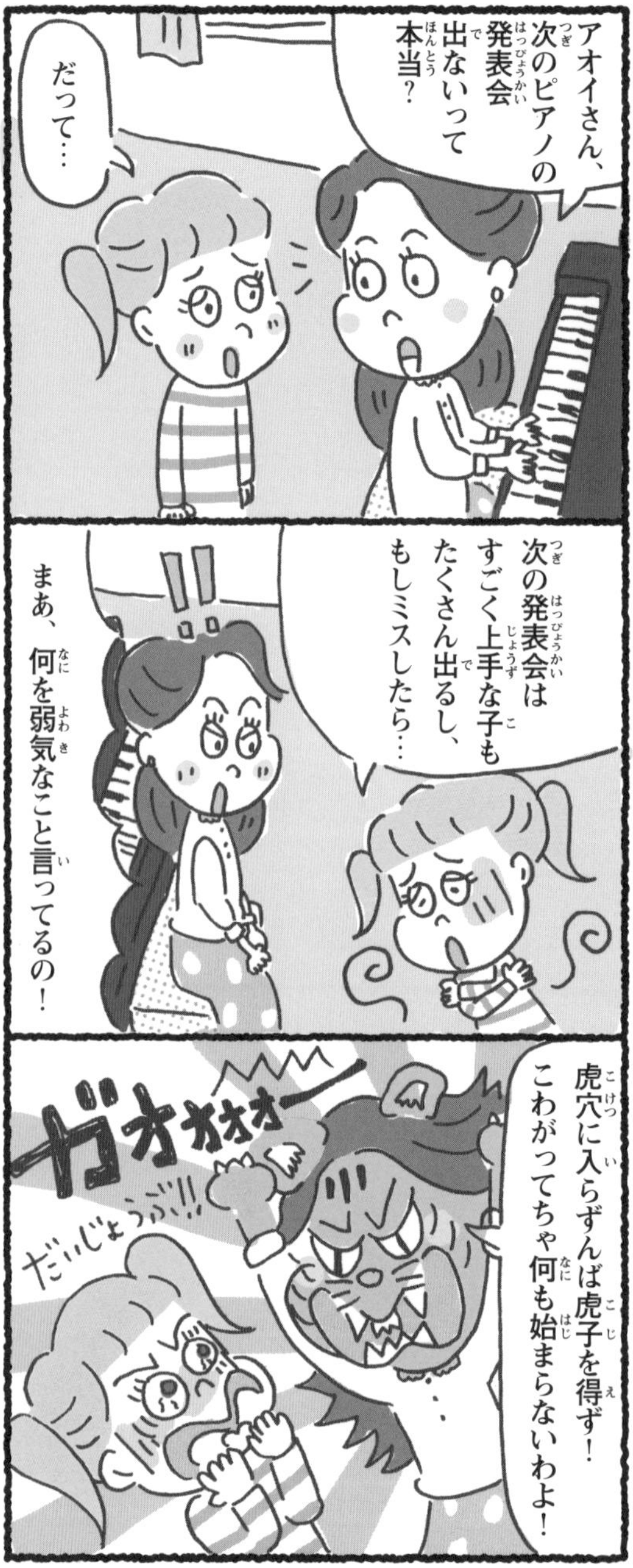
アオイさん、次《つぎ》のピアノの発表会《はっぴょうかい》出《で》ないって本当《ほんとう》？
だって…
次《つぎ》の発表会《はっぴょうかい》はすごく上手《じょうず》な子《こ》もたくさん出《で》るし、もしミスしたら…
まあ、何《なに》を弱気《よわき》なこと言《い》ってるの！
虎穴《こけつ》に入《い》らずんば虎子《こじ》を得《え》ず！こわがってちゃ何《なに》も始《はじ》まらないわよ！
ガオォォォー
だいじょうぶ!!!

しっぱいがこわくて、ピアノの発表会《はっぴょうかい》に出《で》ないと言《い》ったら、ピアノの先生《せんせい》から「虎穴《こけつ》に入《い》らずんば虎《こ》子《じ》を得《え》ずよ！」とかつを入《い》れられた。

使《つか》い方《かた》まんが 2 おそれるな、オレ!

あの技《わざ》すげー!!
でもしっぱいしたらいたそ〜
しかし! オレはチャレンジするぞ!
虎穴《こけつ》に入《い》らずんば虎子《こじ》を得《え》ずだ!

やってみたいスケートボードの大技《おおわざ》は、けがをしそうで少《すこ》しこわいが、虎穴《こけつ》に入《い》らずんば虎子《こじ》を得《え》ずだと自分《じぶん》を勇気《ゆうき》づけて、練習《れんしゅう》を始《はじ》めた。

「虎穴《こけつ》に入《い》らずんば虎子《こじ》を得《え》ず」は、何《なに》かにチャレンジするときに自分自身《じぶんじしん》を勇気《ゆうき》づけたり、だれかをはげましたりするのにぴったりなことばです。

このことばは、中国《ちゅうごく》の歴史書《れきししょ》『後漢書《ごかんじょ》』(→2ページ)の中《なか》にある、たたかいの最中《さいちゅう》に将軍《しょうぐん》が部下《ぶか》に対《たい》して言《い》ったたとえ話《ばなし》から生《う》まれました。「虎《とら》の子《こ》」を勝利《しょうり》や成功《せいこう》にたとえ、「きけんでも、虎《とら》のすむ穴《あな》に入《はい》らなければ、そのおくにいる虎《とら》の子《こ》は手《て》に入《はい》らない。つまり、おそれてチャレンジしなければ、成功《せいこう》はない」と言《い》って、部下《ぶか》たちをふるい立《た》たせたのです。つかみとりたい成功《せいこう》があるなら、おそれずに取《と》り組《く》むべきということですね。高《たか》い目標《もくひょう》にいどむときなどに、使《つか》いたいことばです。

似《に》た意味《いみ》のことば

あぶない橋《はし》も一度《いちど》はわたれ

ときにはきけんをおかしてやってみるのもひつようだということ。

虎《とら》の字《じ》が出《で》てくることば

虎《とら》の威《い》を借《か》る狐《きつね》

→114ページ

虎視眈々《こしたんたん》

機会《きかい》をねらってじっとようすをうかがうこと。→4巻《かん》77ページ

?クイズ!

穴《あな》の字《じ》が入《はい》ったことわざ「□の穴《あな》から天《てん》をのぞく」。自分《じぶん》のせまい知識《ちしき》の中《なか》で大《おお》きな問題《もんだい》を解決《かいけつ》しようとすることだよ。□に入《はい》るのはどちら?

A《エイ》 蟻《あり》

B《ビー》 針《はり》

答《こた》えは124ページ

まさか、こんなことが!?

そんなときに言《い》いたい！

塞《さい》翁《おう》が馬《うま》

意味《いみ》

人生《じんせい》の幸《しあわ》せや不幸《ふしあわ》せは予測《よそく》することができない。

使《つか》い方《かた》まんが　入院《にゅういん》先《さき》での出会《であ》い

こっせつして入院《にゅういん》したから
ふたりは出会《であ》えたなんて、
まさに塞翁《さいおう》が馬《うま》だね！
すてき

わたしのおばあちゃんとおじいちゃんは、若《わか》いころに入院《にゅういん》した病院先《びょういんさき》で出会《であ》ったらしい。入院《にゅういん》したおかげで出会《であ》えたなんて、塞翁《さいおう》が馬《うま》だ。

このことばは、さまざまな思想《しそう》を集《あつ》めた中国《ちゅうごく》の『淮南子《えなんじ》』という古《ふる》い書物《しょもつ》の中《なか》の話《はなし》に由来《ゆらい》します。昔《むかし》、国境近《こっきょうちか》くの塞《とりで》（小《ちい》さな城《しろ》）の近《ちか》くに住《す》む老人《ろうじん》（塞翁《さいおう》）の馬《うま》が逃《に》げました。しかしその後《ご》、馬《うま》はべつのよい馬《うま》をつれて帰《かえ》ってきました。すると、塞翁《さいおう》の息子《むすこ》がその馬《うま》から落《お》ちてけがをしますが、そのおかげで戦争《せんそう》に行《い》かずにすんだ、というものです。幸《しあわ》せや不幸《ふしあわ》せは予測《よそく》できないものなので、幸《しあわ》せもよろこぶものではなく、不幸《ふしあわ》せだからとかなしまなくてもよいということですね。

切っても切れない間から！

そんなときに言《い》いたい！

水《すい》魚《ぎょ》の交《まじ》わり

意《い》味《み》

はなれることができない親《した》しい関係《かんけい》のこと。

魚《さかな》は水《みず》がなければ生《い》きていけません。その水《みず》と魚《さかな》のように、切《き》っても切《き》れない関係《かんけい》にあるということですね。

昔《むかし》、中国《ちゅうごく》の蜀《しょく》という国《くに》の王《おう》がある部下《ぶか》の才能《さいのう》にほれこみ、親《した》しくなります。それにふまんを持《も》った他《ほか》の部下《ぶか》たちに、自分《じぶん》とその部下《ぶか》を水《みず》と魚《さかな》の関《かん》係《けい》にたとえて語《かた》ったという話《はなし》に由来《ゆらい》します。

使《つか》い方《かた》まんが　ベテランコンビ

ぼくたちは水魚《すいぎょ》の交《まじ》わりですから
ほんまにね〜
さすがのコンビネーションですね！

テレビ番組《ばんぐみ》でベテランのおわらいコンビが、自分《じぶん》たちは水魚《すいぎょ》の交《まじ》わりだと言《い》っていた。さすがのコンビネーションだ。

反《はん》対《たい》の意《い》味《み》のことば

犬《けん》猿《えん》のなか

犬《いぬ》とさるのように、とてもなかが悪《わる》いこと。

蛇《だ》足《そく》

そんなときに言《い》いたい！

意《い》味《み》

よけいなもの、なくてもいいもの。

使《つか》い方《かた》まんが 1 水《みず》の使《つか》い方《かた》

今日《きょう》は日々《ひび》の水《みず》のむだ使《づか》いについて発表《はっぴょう》します
まず、シャワーを使《つか》うときの水《みず》の出《だ》しっぱなしはいけません
こまめに止《と》めましょう
ちなみにぼくはおふろで体《からだ》をあらうときは、まずは左《ひだり》うで、次《つぎ》に右《みぎ》うで、その次《つぎ》に…
ペラ
ペラ
ペラ
発表後《はっぴょうご》――
いい発表《はっぴょう》ができましたね！
蛇《だ》足《そく》と言《い》われそうなこともあったけど？

調《しら》べ学習《がくしゅう》した「水《みず》のむだ使《づか》い」について発表《はっぴょう》したとき、友《とも》だちが自分《じぶん》の体《からだ》をあらう順番《じゅんばん》まで発表《はっぴょう》していた。蛇足《だそく》なじょうほうだと思《おも》った。

使《つか》い方《かた》まんが 2 ここのコロッケなら

すんでいる町《まち》について発表《はっぴょう》していた友《とも》だちが、「蛇《だ》足《そく》ですが…」と言《い》いながら、本当《ほんとう》にどうでもいい話《はなし》をしていた。

「蛇足《だそく》」は中国《ちゅうごく》の『戦国策《せんごくさく》』（→2ページ）という古《ふる》い書物《しょもつ》の中《なか》に由来《ゆらい》となる話《はなし》があります。昔《むかし》、ある人《ひと》たちが中国《ちゅうごく》でへびの絵《え》を描《か》く競争《きょうそう》をしたとき、一番《いちばん》に描《か》き上《あ》げた人《ひと》がとくいになって、「自分《じぶん》は足《あし》だって描《か》けるぞ」とその絵《え》に足《あし》を描《か》きくわえました。しかし、へびには足《あし》はありませんから、結局《けっきょく》、「それはへびではない」と言《い》われて負《ま》けてしまったというものです。この話《はなし》から、よけいなもの、なくてもいいもののことを「蛇足《だそく》」というようになりました。

うまくいったところでやめておけばいいのに、よけいなことをしたり、言《い》ったりしてしまったときに、そのよけいなことを指《さ》して、「～が蛇足《だそく》だったね」といった使《つか》い方《かた》をします。

蛇の字《じ》が出《で》てくることば

蛇《へび》ににらまれたかえる

おそろしいものや苦手《にがて》なものの前《まえ》で、身《み》がすくんで動《うご》けなくなること。

長蛇《ちょうだ》の列《れつ》

へびのように長《なが》くつづいている行列《ぎょうれつ》のこと。

長蛇《ちょうだ》を逸《いっ》す

おいしいところで大物《おおもの》を取《と》り逃《に》がすこと。ぜっこうの機会《きかい》などを逃《のが》すこと。

？クイズ！

蛇の字《じ》が入《はい》ったことわざ。どんなおそろしいことになるかわからないという意味《いみ》だよ。□に入《はい》るのは？

□□が出《で》るか蛇《じゃ》が出《で》るか（ひらがなで）

答《こた》えは124ページ

まずはここをクリアしなきゃ！

そんなときに言《い》いたい！

登《とう》竜《りゅう》門《もん》

意《い》味《み》

成功《せいこう》や出世《しゅっせ》をするために、まずは通過《つうか》しなくてはならないところ。

使《つか》い方《かた》まんが 1 そうじ当番《とうばん》のリーダー

今週《こんしゅう》のそうじ当番《とうばん》のリーダーをだれか…
ハイッ!!
ぼくにやらせてください！
アリガトウゴザイマス!!
そ、そうか？じゃあたのんだぞ
一生《いっしょう》けん命《めい》がんばります！
たかがそうじリーダーじゃん
いいえ！夢《ゆめ》である総理大臣《そうりだいじん》の道《みち》へ近《ちか》づくには、ぼくにとっては登竜門《とうりゅうもん》なのです！
ずい

総理大臣《そうりだいじん》になるという将来《しょうらい》の目標《もくひょう》に向《む》けて、クラスのそうじ当番《とうばん》のリーダーになることがまずは登竜門《とうりゅうもん》だと思《おも》い、立《りっ》こうほすることにした。

使《つか》い方《かた》まんが 2 オーディション

女優《じょゆう》
オーディション
よーし！　まずはこのオーディションが登竜門《とうりゅうもん》だ！
がんばるぞーー!!

大女優《だいじょゆう》になる夢《ゆめ》のためには、まずはこのオーディションが登竜門《とうりゅうもん》。絶対《ぜったい》に合格《ごうかく》するぞ！という強《つよ》い気《き》持《も》ちでチャレンジした。

中国《ちゅうごく》の黄河《こうが》という大《おお》きな川《かわ》の上流《じょうりゅう》には、「竜門《りゅうもん》」とよばれる急流《きゅうりゅう》があります。古《ふる》くから、ここを登《のぼ》り切《き》ったこいは竜《りゅう》になる、という伝説《でんせつ》がありました。「登竜《とうりゅう》門《もん》」は、『後漢書《ごかんじょ》』（↓2ページ）という中国《ちゅうごく》の歴史書《れきししょ》の中《なか》にある、この伝説《でんせつ》をふまえた話《はなし》がもとになっています。

昔《むかし》、中国《ちゅうごく》にいた李膺《りよう》という政治家《せいじか》は、多《おお》くの人望《じんぼう》を集《あつ》める人《ひと》でした。李膺《りよう》にみとめられた若者《わかもの》はかならず出世《しゅっせ》するともいわれ、人々《ひとびと》はこれを黄河《こうが》の急流《きゅうりゅう》の伝説《でんせつ》にちなんで、李膺《りよう》に受《う》け入《い》れられた者《もの》に対《たい》して、「竜門《りゅうもん》を登《のぼ》った」と言《い》ったそうです。これがやがて、出世《しゅっせ》へのむずかしい関門《かんもん》をとっぱするという意味《いみ》で、「登《とう》竜門《りゅうもん》」ということばで使《つか》われるようになったのです。

竜の字《じ》が出《で》てくることば

画竜点睛《がりょうてんせい》
↓98ページ

竜頭蛇尾《りゅうとうだび》
↓117ページ

門《もん》が出《で》てくることば

門前《もんぜん》ばらい
たずねてきた人《ひと》を、会《あ》わずに追《お》い返《かえ》すこと。

門《もん》をたたく
自分《じぶん》から弟子《でし》入《い》りをたのみこみ、入門《にゅうもん》すること。

?クイズ！

登の字《じ》が入《はい》った慣用句《かんようく》。気温《きおん》やひょうかなどが、何《なに》かをきっかけに急上昇《きゅうじょうしょう》していくという意味《いみ》だよ。□に入《はい》る魚《さかな》の名前《なまえ》は何《なに》？

□□□登《のぼ》り（ひらがなで）

答《こた》えは124ページ

いばるんじゃない！

そんなときに言《い》いたい！

虎《とら》の威《い》を借《か》る狐《きつね》

意《い》味《み》

弱《よわ》い者《もの》が、強《つよ》い者《もの》の権力《けんりょく》にたよって、いばること。

使《つか》い方《かた》まんが　いばる妹《いもうと》

お兄《にい》ちゃん！ゲームひとりじめするなってお母《かあ》さんが言《い》ってたよ
わかったよ〜
お兄《にい》ちゃん！お父《とう》さんがお兄《にい》ちゃんに買《か》い物《もの》に行《い》かせろだって！行《い》ってきて！
またオレ〜？
お兄《にい》ちゃん！お母《かあ》さんが妹《いもうと》におかしをゆずりなさいって言《い》ってるよ！
よこしな!!
父《とう》ちゃん母《かあ》ちゃんばっかり使《つか》って、まるで虎《とら》の威《い》を借《か》る狐《きつね》だな！
ポテチ

ぼくの妹《いもうと》はなにかにつけてお父《とう》さんとお母《かあ》さんの言《い》っていることをたてに、いばってくる。まるで虎《とら》の威《い》を借《か》る狐《きつね》のようだ。

自分《じぶん》の実力《じつりょく》はたいしたことがないのに、力《ちから》のある人《ひと》とつながりがあることから、その人《ひと》の力《ちから》にたよっていばる人《ひと》がいます。そのような人《ひと》に対《たい》していわれるのが「虎《とら》の威《い》を借《か》る狐《きつね》」です。「威《い》」は人《ひと》をしたがわせる強《つよ》い力《ちから》、「借《か》る」は利用《りよう》することです。中国《ちゅうごく》の『戦国策《せんごくさく》』（↓2ページ）という書物《しょもつ》にある話《はなし》に由来《ゆらい》します。

あるとき、虎《とら》につかまって食《た》べられそうになった狐《きつね》が、「天《てん》の神《かみ》はわたしを百獣《ひゃくじゅう》の王《おう》にした。だからわたしを食《た》べると神《かみ》の命令《めいれい》にそむくことになる。うそだと思《おも》うならわたしのあとについてきなさい」と言《い》います。そこで虎《とら》が狐《きつね》のあとをついて行《い》くと、まわりの動物《どうぶつ》たちがこちらを見《み》て、みな逃《に》げだしていくではありませんか。そこで虎《とら》は狐《きつね》の話《はなし》を信《しん》じ、狐《きつね》を放《はな》すことにしたのですが、本当《ほんとう》は、動物《どうぶつ》たちは狐《きつね》ではなく、その後《うし》ろにいる虎《とら》がこわくて逃《に》げただけなのです。すなわち、狐《きつね》は、強《つよ》い虎《とら》の力《ちから》を利用《りよう》したのですね。

他人《たにん》の力《ちから》でいばるなんて、かっこ悪《わる》いことですね。言《い》われてはずかしい故事成語《こじせいご》です。

似《に》た意味《いみ》のことば

笠《かさ》に着《き》る

権力《けんりょく》のある人《ひと》をたのみにしたり、自分《じぶん》の地位《ちい》を利用《りよう》したりしていばること。

七光《ななひかり》

親《おや》や仕《つか》えている主人《しゅじん》などの強《つよ》い力《ちから》のおかげで、いろいろなとくをすること。

人《ひと》のふんどしで相撲《すもう》を取《と》る

他人《たにん》のものを利用《りよう》して、自分《じぶん》の役《やく》に立《た》てること。

「借《か》る」は「かりる」とは読《よ》まないので気《き》をつけてね。

？クイズ！

「借《か》りる」にちなんだ慣用句《かんようく》。いつもとはちがっておとなしくしているようすをたとえたことばだよ。□に入《はい》る動物《どうぶつ》は何《なに》？

借《か》りてきた□□（ひらがなで）

答《こた》えは124ページ

きっちりしすぎだよ

そんなときに言《い》いたい!

水清《みずきよ》ければ魚棲《うおす》まず

使《つか》い方《かた》まんが　決《き》まり通《どお》りに

165円《えん》を半分《はんぶん》ずつはらうと82・5円《えん》ですね
じゃあ82円《えん》と83円《えん》でいいよな
ポテトスナック
学級会《がっきゅうかい》で決《き》まった通《とお》り平等《びょうどう》でないとだめです！82・5円《えん》ずつです！
水清《みずきよ》ければ魚棲《うおす》まずだぞ。無茶言《むちゃい》うなよ

友《とも》だちと165円《えん》のおかしを買《か》おうとしたら、「ひとり82.5円《えん》ずつだ」と言《い》ってきた。水清《みずきよ》ければ魚棲《うおす》まず。きっちりしすぎなのも問題《もんだい》だ。

意《い》味《み》

正《ただ》しく、けっぺきすぎると、かえって人《ひと》がよってこなくなる。

水《みず》があまりにきれいですみきっていると、魚《さかな》が棲《す》みつかないように、人《ひと》もあまりに正《ただ》しすぎたり、それで人《ひと》をせめたりしては人々《ひとびと》の協力《きょうりょく》を得《え》られません。大目《おおめ》に見《み》ることも大切《たいせつ》だということを伝《つた》えたいときにも使《つか》われます。このことばの由来《ゆらい》には、いくつか説《せつ》があります。

水の字《じ》が出《で》てくることば

覆水盆《ふくすいぼん》に返《かえ》らず
→70ページ

水魚《すいぎょ》の交《まじ》わり
→109ページ

そんなときに言《い》いたい！

竜《りゅう》頭《とう》蛇《だ》尾《び》

意《い》味《み》

はじめはいきおいがよくて、最後《さいご》はふるわないこと。

はじめは調子《ちょうし》がよくても、結局《けっきょく》期待《きたい》外《はず》れに終《お》わってしまった。「竜頭蛇尾《りゅうとうだび》」はそんなときに使《つか》います。頭《あたま》は竜《りゅう》のように立派《りっぱ》なのに、尾《お》は蛇《へび》のように弱々《よわよわ》しいことから、最初《さいしょ》はたいへんないきおいであっても、最後《さいご》はそのいきおいが落《お》ちてしまうことを言《い》います。

反対《はんたい》の意味《いみ》のことば

有終《ゆうしゅう》の美《び》（をかざる）

ものごとをやり通《とお》し、最後《さいご》を立派《りっぱ》に仕上《しあ》げること。

使《つか》い方《かた》まんが　巻《かん》が進《すす》むにつれ…

このまんが、1巻目《かんめ》からすごくおもしろい！
ワクワク
これからの展開《てんかい》が楽《たの》しみだな～
最終回《さいしゅうかい》に近《ちか》づくにつれてつまらなくなった…
こりゃ竜頭蛇尾《りゅうとうだび》だね…

最近読《さいきんよ》んだまんがは、はじめはとてもおもしろかったが、竜頭蛇尾《りゅうとうだび》だったようで、最終回《さいしゅうかい》に近《ちか》づくにつれてつまらなくなっていった。

みんなでちょうせん！

故《こ》事《じ》成《せい》語《ご》紙《かみ》しばいを作《つく》ろう

この本《ほん》で学《まな》んだ故《こ》事《じ》成《せい》語《ご》の由《ゆ》来《らい》を、紙《かみ》しばいにしてみましょう。

故《こ》事《じ》成《せい》語《ご》の由《ゆ》来《らい》となったストーリーを紙《かみ》しばいにまとめます。ここでは、四《よん》枚《まい》の紙《かみ》しばいを作《つく》ります。

じゅんびするもの

- 画《が》用《よう》紙《し》
- メモ用《よう》紙《し》
- えんぴつやペンなど

紙《かみ》しばいは何《なん》枚《まい》で作《つく》ってもいいよ。絵《え》が苦《にが》手《て》な人《ひと》は、おりがみなどを使《つか》ってみてね。

1

どの故《こ》事《じ》成《せい》語《ご》を選《えら》ぶ？

紙《かみ》しばいにする故《こ》事《じ》成《せい》語《ご》を決《き》めよう

この本《ほん》などの資《し》料《りょう》を読《よ》んで、紙《かみ》しばいにする故《こ》事《じ》成《せい》語《ご》を選《えら》びましょう。由《ゆ》来《らい》となった

2

どんな展《てん》開《かい》にする？

台《だい》本《ほん》を考《かんが》えよう！

本《ほん》や辞《じ》典《てん》などで、選《えら》んだ故《こ》事《じ》成《せい》語《ご》の由《ゆ》来《らい》について、もっと調《しら》べてみましょう。登《とう》場《じょう》人《じん》物《ぶつ》や物《もの》語《がたり》の流《なが》れを書《か》き出《だ》してみると、どういうお話《はなし》なのかを理《り》解《かい》しやすくなります。

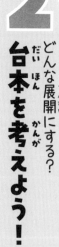

物語《ものがたり》がおもしろいものや、人間《にんげん》やいきもの、道具《どうぐ》が登場《とうじょう》するなど、絵《え》にしやすいものがおすすめです。
グループでひとつの紙《かみ》しばいを作《つく》るときは、みんなでよく話《はな》し合《あ》いましょう。

紙《かみ》しばいにしやすい故事成語《こじせいご》の例《れい》

■由来《ゆらい》にいきものが出《で》てくる
- 画竜点睛《がりょうてんせい》
- 漁夫《ぎょふ》の利《り》
- 蛍雪《けいせつ》の功《こう》
- 逆鱗《げきりん》にふれる
- 虎穴《こけつ》に入《い》らずんば虎子《こじ》を得《え》ず
- 塞翁《さいおう》が馬《うま》
- 朝三暮四《ちょうさんぼし》
- 虎《とら》の威《い》を借《か》る狐《きつね》

■道具《どうぐ》が出《で》てくる
- 完璧《かんぺき》
- 覆水盆《ふくすいぼん》に返《かえ》らず
- 矛盾《むじゅん》

■由来《ゆらい》がおもしろい
- 杞憂《きゆう》
- 助長《じょちょう》
- 蛇足《だそく》

■戦《いくさ》の場面《ばめん》が出《で》てくる
- 四面楚歌《しめんそか》
- 背水《はいすい》の陣《じん》

1 由来《ゆらい》を調《しら》べて整理《せいり》しよう

■どんな人《ひと》やいきものが出《で》てくる?
(例《れい》)「虎《とら》の威《い》を借《か》る狐《きつね》」の場合《ばあい》
- きつね……とらに食《た》べられそうになる。自分《じぶん》を食《た》べると神様《かみさま》にそむくことになると、とらにうそをつく。
- とら……きつねを食《た》べようとするが、最後《さいご》はきつねのうそを信《しん》じてしまう。
- 森《もり》の動物《どうぶつ》たち……きつね(の後《うし》ろのとら)のすがたを見《み》て逃《に》げていく。

■お話《はなし》のぶたいは?
- 動物《どうぶつ》たちがすむ森《もり》

2 出来事《できごと》を場面《ばめん》ごとに書《か》き出《だ》してみよう

(例《れい》)「虎《とら》の威《い》を借《か》る狐《きつね》」の場合《ばあい》

① 森《もり》にいたきつねがとらに食《た》べられそうになる。
② きつねはとらに、「神様《かみさま》はわたしを百獣《ひゃくじゅう》の王《おう》にしたから、わたしを食《た》べてはいけない。うそだと思《おも》うなら、わたしのあとをついてこい」と言《い》う。
③ とらがきつねのあとをついていくと、それを見《み》た森《もり》の動《どう》物《ぶつ》たちが、次々《つぎつぎ》と逃《に》げだしていく。
④ とらはきつねの話《はなし》を信《しん》じ、きつねを放《はな》したが、本当《ほんとう》は森《もり》の動物《どうぶつ》たちは、きつねの後《うし》ろにいるとらをこわがって逃《に》げていたのだった。

どの場面《ばめん》を絵《え》にする?

3 箱《はこ》がきをしよう

2で書《か》き出《だ》したメモをもとに、場面《ばめん》ごとの下《した》絵《え》をかいてみましょう。これを「箱《はこ》がき」といいます。箱《はこ》がきに使《つか》うのは、はがきサイズくらいの小《ちい》さな紙《かみ》でOK《オーケー》です。どんな絵《え》で、どのように展開《てんかい》するかを考《かんが》えていきましょう。

画用紙《がようし》にかこう!

4 本《ほん》がきをしよう

箱《はこ》がきで絵《え》にする場面《ばめん》を決《き》めたら、実際《じっさい》に、画用紙《がようし》などに絵《え》を描《か》いていきましょう。これを「本《ほん》がき」といいます。画用紙《がようし》の表《おもて》に絵《え》、うらには台本《だいほん》を書《か》きます。絵《え》は大《おお》きくはっきり描《か》いたほうが、見《み》る人《ひと》が楽《たの》しめますよ。

紙《かみ》しばいを作《つく》るときのルール

紙《かみ》しばいは、紙《かみ》を重《かさ》ねて持《も》つので、一枚目《いちまいめ》の絵《え》のうらに二枚目《にまいめ》の台本《だいほん》、二枚目《にまいめ》の絵《え》のうらに三枚目《さんまいめ》の台本《だいほん》というように書《か》いていきます。一枚目《いちまいめ》の絵《え》の台本《だいほん》は、最後《さいご》の絵《え》のうらに書《か》くことになります。

例《れい》「虎《とら》の威《い》を借《か》る狐《きつね》」

❶

うらに❷の台本《だいほん》を書《か》くよ

【台本《だいほん》】（❹のうらに書《か》く）
あるところに、とらに食《た》べられそうになっているきつねがいました。
（きつね）ちょ、ちょっと待《ま》って！

❷

うらに❸の台本《だいほん》を書《か》くよ

【台本《だいほん》】（❶のうらに書《か》く）
（きつね）神様《かみさま》はわたしを百獣《ひゃくじゅう》の王《おう》にした。だから、わたしを食《た》べれば、神様《かみさま》にそむくことになるぞ！
（とら）そんなこと信《しん》じられるか！
（きつね）ならば、わたしのあとについてきなさい。動物《どうぶつ》たちはわたしを見《み》て、みな逃《に》げていくはずだ。

❸

うらに❹の台本《だいほん》を書《か》くよ

【台本《だいほん》】（❷のうらに書《か》く）
とらは、言《い》われた通《とお》りきつねのあとをついていきます。すると、そのようすを見《み》て、森《もり》の動物《どうぶつ》たちが本当《ほんとう》に逃《に》げだしていくではありませんか。
（とら）な、なんだと！

❹

うらに❶の台本《だいほん》を書《か》くよ

【台本《だいほん》】（❸のうらに書《か》く）
（とら）すみませんでした。おゆるしください。
（きつね）わかればよいのだ。
しかし、本当《ほんとう》は森《もり》の動物《どうぶつ》たちは、きつねの後《うし》ろのとらをこわがり、逃《に》げていたのです。この話《はなし》がもとになり、「虎《とら》の威《い》を借《か》る狐《きつね》」という故事成語《こじせいご》ができました。

クイズの答《こた》え

11ページ

雨《あめ》ふって地《じ》かたまる →1巻《かん》62ページ

もめごとや、悪《わる》いことのあとはかえってよいけっかが得《え》られるということ。

13ページ

B《ビー》 歯《は》に衣《きぬ》着《き》せぬ

遠慮《えんりょ》せず、思《おも》ったことを言《い》うこと。

15ページ

A《エイ》 大胆不敵《だいたんふてき》 →4巻《かん》14ページ

度胸《どきょう》があって、何《なに》もおそれないようす。

17ページ

転《ころ》ばぬ先《さき》のつえ →1巻《かん》20ページ

しっぱいにそなえて、あらかじめ手《て》を打《う》っておくこと。

19ページ

一《いち》期《ご》一《いち》会《え》 →4巻《かん》90ページ

一生《いっしょう》に一度《いちど》しかない出会《であ》いのこと。

21ページ

筆《ふで》をおる（筆《ふで》をたつ）

文章《ぶんしょう》を書《か》く活動《かつどう》をやめること。

23ページ

C《シー》 水《みず》をあける

ライバルを引《ひ》きはなして大《おお》きく差《さ》をつけること。

25ページ

B《ビー》 足《あし》もとから鳥《とり》が立《た》つ

あわてて何《なに》かを始《はじ》めること。

27ページ

A《エイ》 背《せ》にはらはかえられぬ

大事《だいじ》なことのために、他《ほか》をぎせいにするのは仕《し》方《かた》がない。

29ページ

C《シー》 故郷《こきょう》へ錦《にしき》をかざる

故郷《こきょう》をはなれていた人《ひと》が、出世《しゅっせ》して故郷《こきょう》に帰《かえ》ること。

35ページ

したを巻《ま》く

口《くち》がきけなくなるほど、おどろいたり感心《かんしん》したりすること。

37ページ

B《ビー》 双《そう》璧《へき》

どちらがすぐれているとも決《き》められない、ふたつのもの。

43ページ

大器《たいき》小《しょう》用《よう》

才能《さいのう》のある人《ひと》につまらない仕事《しごと》をさせ、その人《ひと》の力《ちから》を発揮《はっき》させないこと。

45ページ

いばらの道《みち》

苦労《くろう》や苦《くる》しみが多《おお》い状態《じょうたい》、または人生《じんせい》のたとえ。「いばら」は、ばらなどのとげのある植物《しょくぶつ》や、そのとげのこと。

47ページ

竹《たけ》をわったよう

性格《せいかく》がさっぱりしていて、悪《わる》い考《かんが》えがないこと。

49ページ

破《やぶ》れかぶれ

もうどうにでもなれ、という気持《きも》ちでやけになって行動《こうどう》するさま。

57ページ

絵《え》になる

ある光景《こうけい》や人《ひと》の動作《どうさ》などが美《うつく》しく、絵《え》の題材《だいざい》にできそうなほどだということ。

59ページ

とりこし苦労《くろう》

将来《しょうらい》のことをあれこれ考《かんが》えて心配《しんぱい》すること。

61ページ

百《ひゃく》害《がい》あって一利《いちり》なし

悪《わる》いことばかりで、よいことはひとつもないこと。

63ページ

B《ビー》 わたりに船《ふね》

川《かわ》をわたろうとするとちょうど船《ふね》があるように、ものごとが都合《つごう》よく進《すす》むこと。

69ページ

一朝一夕《いっちょういっせき》 →4巻《かん》98ページ

ほんの少《すこ》しの時間《じかん》、短《みじか》い期間《きかん》のたとえ。

71ページ

B《ビー》 元《もと》のさやにおさまる

刀《かたな》がもともとおさまっていたさやにもどるように、はなればなれになった人《ひと》どうしが、ふたたびもとの関係《かんけい》にもどること。

73ページ

盾《たて》をつく

何《なに》かにさからったり、反抗《はんこう》したりすること。

79ページ

おにのいぬ間《ま》にせんたく

こわい人《ひと》や遠慮《えんりょ》する人《ひと》がいないすきに、のびのびとくつろぐこと。

81ページ

おにに金棒《かなぼう》 →1巻《かん》18ページ

強《つよ》い者《もの》が何《なに》かを得《え》て、さらに強《つよ》くなること。

83ページ

口《くち》がすべる

言《い》ってはならないことやよけいなことをついうっかり言《い》ってしまうこと。

85ページ

目《め》から鱗《うろこ》が落《お》ちる

何《なに》かのきっかけで、急《きゅう》にものごとがよく理解《りかい》できるようになることのたとえ。

87ページ

A《エイ》 一致団結《いっちだんけつ》

多《おお》くの人《ひと》が、心《こころ》をひとつにして協力《きょうりょく》すること。

89ページ

B《ビー》 うりふたつ →3巻《かん》52ページ

顔《かお》やすがたがとてもよく似《に》ていること。

95ページ

大海《たいかい》を手《て》でふさぐ

できるはずのない、ふかのうなことをしようとすることのたとえ。

97ページ

B《ビー》 有象無象《うぞうむぞう》

どこにでもいるつまらない人《ひと》たち。

99ページ

A《エイ》 仏作《ほとけつく》って魂《たましい》入《い》れず

ものごとの一番大切《いちばんたいせつ》な部分《ぶぶん》が欠《か》けていること。

101ページ

C《シー》 畑《はたけ》にはまぐり

見当《けんとう》ちがいな行動《こうどう》をしていることのたとえ。

103ページ

B《ビー》 牛《うし》の歩《あゆ》み

ものごとの進《すす》み方《かた》がおそいことのたとえ。牛《うし》は動作《どうさ》がおそいことから。牛歩《ぎゅうほ》とも言《い》う。

105ページ
かめの甲《こう》より年《とし》の功《こう》
年長者《ねんちょうしゃ》のけいけんは貴重《きちょう》なので尊重《そんちょう》すべきだということ。

107ページ
B《ビー》 針《はり》の穴《あな》から天《てん》をのぞく
自分《じぶん》のせまい知識《ちしき》の中《なか》で大《おお》きな問題《もんだい》を解決《かいけつ》しようとすることのたとえ。

111ページ
おにが出《で》るか蛇《じゃ》が出《で》るか
どんなおそろしいことになるかわからないということ。

113ページ
うなぎ登《のぼ》り
気温《きおん》やひょうかなどが、何《なに》かをきっかけに急上昇《きゅうじょうしょう》していくこと。

115ページ
借《か》りてきたねこ
↓3巻《かん》102ページ
いつもとはちがっておとなしくしているようす。

表紙《ひょうし》うら クロスワードパズルにちょうせん！

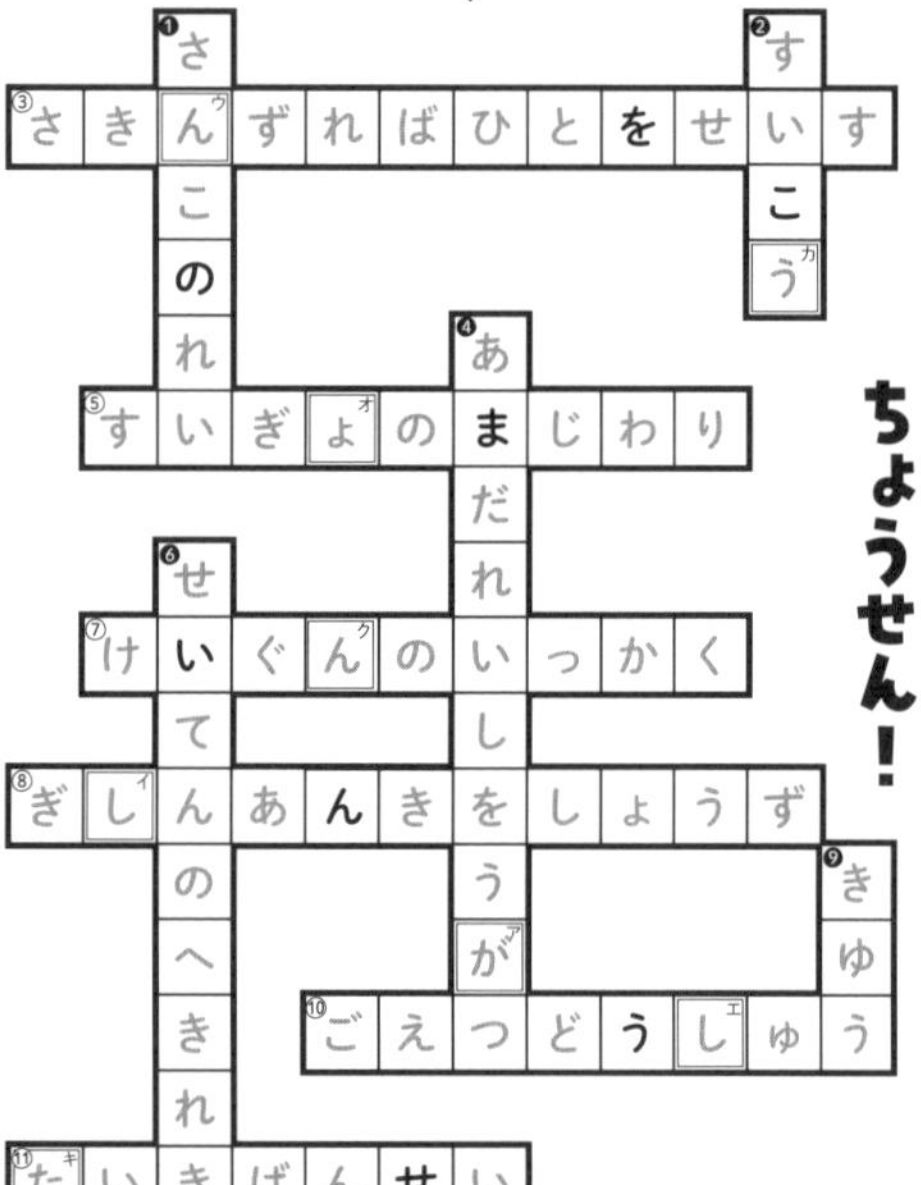

① さんこのれい
② すいこう
③ さきんずればひとをせいす
④ あまだれいしをうがつ
⑤ すいぎょのまじわり
⑥ せいてんのへきれき
⑦ けいぐんのいっかく
⑧ ぎしんあんきをしょうず
⑨ きゅう
⑩ ごえつどうしゅう
⑪ たいきばんせい

ア	イ	ウ	エ	オ	カ	キ	ク
が	し	ん	し	ょ	う	た	ん

50～52ページ 正《ただ》しい使《つか》い方《かた》はどっち？

- 鶏群《けいぐん》の一鶴《いっかく》／イ
- 完璧《かんぺき》／イ
- 大器晩成《たいきばんせい》／ア
- 破天荒《はてんこう》／ア
- 背水《はいすい》の陣《じん》／イ
- 推敲《すいこう》／ア

74・75ページ 虫食《むしく》いクイズにちょうせん！

① 雨《あま》だれ石《いし》をうがつ
② 絵《え》に描《か》いたもち
③ 三十六計《さんじゅうろっけい》逃《に》げるにしかず
④ 空前《くうぜん》絶後《ぜつご》
⑤ 衣食《いしょく》足《た》りて礼《れい》節《せつ》を知《し》る
⑥ 李下《りか》に冠《かんむり》を正《ただ》さず
⑦ 石《いし》にくちすすぎ 流《なが》れにまくらす
⑧ 漁夫《ぎょふ》の利《り》
⑨ 口《くち》はわざわいのもと

※虫食《むしく》いクイズの答《こた》えは、ひらがなで書《か》いても漢字《かんじ》で書《か》いても正解《せいかい》とします。

76ページ 虫食《むしく》いクイズ上級編《じょうきゅうへん》

⑩ 塞《さい》翁《おう》が馬《うま》
⑪ 三《さん》顧《こ》の礼《れい》
⑫ 先《さき》んずれば人《ひと》を制《せい》す
⑬ 井《い》の中《なか》の蛙《かわず》大海《たいかい》を知《し》らず

さくいん

この本《ほん》で、大《おお》きく取《と》り上《あ》げていることばは太字《ふとじ》になっています。

アイコンの意味《いみ》

- …食《た》べものが出《で》てくることば
- …植物《しょくぶつ》や自然《しぜん》が出《で》てくることば
- …いきものが出《で》てくることば
- …体《からだ》の一部《いちぶ》が出《で》てくることば
- …道具《どうぐ》が出《で》てくることば
- …数《かず》が出《で》てくることば

さ

監修　森山　卓郎　もりやま　たくろう

早稲田大学文学学術院教授、京都教育大学名誉教授。国語教科書編集委員、日本語学会理事。前日本語文法学会会長。著書に『コミュニケーションの日本語』『日本語の〈書き〉方』（ともに岩波ジュニア新書）、監修に『旺文社標準国語辞典』（旺文社）、『光村の国語 場面でわかる！ことわざ・慣用句・四字熟語の使い分け［全3巻］』（光村教育図書）など多数。

デザイン	山口秀昭（Studio Flavor）
漫画イラスト	WOODY
執筆協力	藏本泰夫
DTP	有限会社ゼスト
校正	藏本泰夫
編集	株式会社スリーシーズン（奈田和子、渡邉光里）

めざせ！　ことば名人　使い方90連発！ ❷

故事成語

発行　2022年4月　第1刷

監修　森山卓郎
発行者　千葉　均
編集　片岡陽子
発行所　株式会社ポプラ社
〒102-8519　東京都千代田区麹町4-2-6
ホームページ　www.poplar.co.jp（ポプラ社）
kodomottolab.poplar.co.jp（こどもっとラボ）
印刷・製本　図書印刷株式会社

ISBN978-4-591-17295-7
N.D.C.814　128p　23cm

P7232002

めざせ！ことば名人 使い方90連発！

全5巻

監修 森山卓郎（早稲田大学教授）

1 ことわざ まんがイラスト 徳永明子

2 故事成語 まんがイラスト WOODY

3 慣用句 まんがイラスト 野田節美

4 四字熟語 まんがイラスト オブチミホ

5 オノマトペ まんがイラスト みずうちさとみ

小学校中～高学年向き

N.D.C.814　各128ページ　菊判　2色

図書館用特別堅牢製本図書